Strategie- und Prozessprobleme systematisch lösen

Lizenz zum Wissen.

Sichern Sie sich umfassendes Wirtschaftswissen mit Sofortzugriff auf tausende Fachbücher und Fachzeitschriften aus den Bereichen: Management, Finance & Controlling, Business IT, Marketing, Public Relations, Vertrieb und Banking.

Exklusiv für Leser von Springer-Fachbüchern: Testen Sie Springer für Professionals 30 Tage unverbindlich. Nutzen Sie dazu im Bestellverlauf Ihren persönlichen Aktionscode **C0005407** auf www.springerprofessional.de/buchkunden/

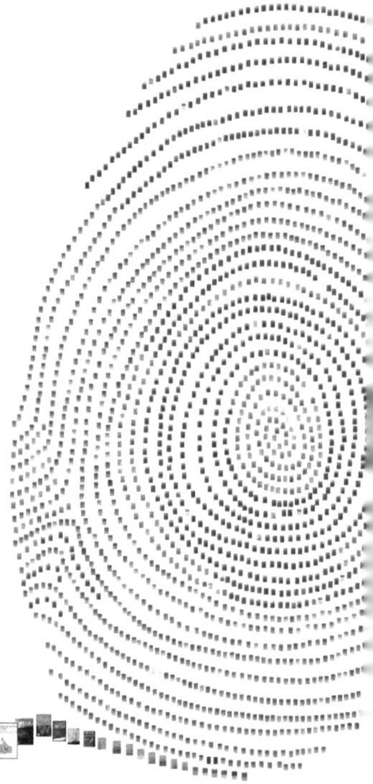

Jetzt 30 Tage testen!

Springer für Professionals.
Digitale Fachbibliothek. Themen-Scout. Knowledge-Manager.

- Zugriff auf tausende von Fachbüchern und Fachzeitschriften
- Selektion, Komprimierung und Verknüpfung relevanter Themen durch Fachredaktionen
- Tools zur persönlichen Wissensorganisation und Vernetzung

www.entschieden-intelligenter.de

Springer für Professionals

Anatol Mika

Strategie- und Prozessprobleme systematisch lösen

Muster in Problemen und Lösungen erkennen und nutzen

Anatol Mika
Wien, Österreich

ISBN 978-3-642-41092-5   ISBN 978-3-642-41093-2 (eBook)
DOI 10.1007/978-3-642-41093-2

Die Deutsche Nationalbibliothek verzeichnet diese Publikation in der Deutschen Nationalbibliografie; detaillierte bibliografische Daten sind im Internet über http://dnb.d-nb.de abrufbar.

Springer Gabler
© Springer-Verlag Berlin Heidelberg 2013
Das Werk einschließlich aller seiner Teile ist urheberrechtlich geschützt. Jede Verwertung, die nicht ausdrücklich vom Urheberrechtsgesetz zugelassen ist, bedarf der vorherigen Zustimmung des Verlags. Das gilt insbesondere für Vervielfältigungen, Bearbeitungen, Übersetzungen, Mikroverfilmungen und die Einspeicherung und Verarbeitung in elektronischen Systemen.

Die Wiedergabe von Gebrauchsnamen, Handelsnamen, Warenbezeichnungen usw. in diesem Werk berechtigt auch ohne besondere Kennzeichnung nicht zu der Annahme, dass solche Namen im Sinne der Warenzeichen und Markenschutz-Gesetzgebung als frei zu betrachten wären und daher von jedermann benutzt werden dürften.

Gedruckt auf säurefreiem und chlorfrei gebleichtem Papier

Springer Gabler ist eine Marke von Springer DE. Springer DE ist Teil der Fachverlagsgruppe Springer Science+Business Media
www.springer-gabler.de

Vorwort

In meiner Arbeit an Methode und Buch war es für mich spannend und aufschlussreich, die Welt um mich herum als ein System von gelösten oder ungelösten Problemen und fehlenden, vorübergehenden oder nachhaltigen Lösungen zu erkennen. Mit diesem Buch, das seinen Fokus auf diese Begriffe legt und mit neuen Wegen und Inhalten weiter vertieft, möchte ich das dabei Entdeckte und meine Begeisterung gerne an Sie weiter geben.

Im Einführungskapitel „Problemlösen im geschäftlichen Alltag" schaffen wir zunächst eine Grundlage, indem wir uns damit befassen, wie ein Problem genau charakterisiert ist, wie Menschen im Berufsalltag an Probleme herangehen, und an welchen Stellen Verbesserungen ansetzen könnten. Es folgt ein Streifzug durch die verschiedenen Gruppierungen von Kreativitätstechniken, wie sie in der Literatur zu finden sind, und einige Details zu anderen Methoden, deren Vergleich mit MikaSolv interessant erscheint. Das folgende Kapitel zur „Entwicklung von MikaSolv" klärt eingangs den Anwendungsbereich dieser Methode und erzählt die Geschichte des Projekts von der ersten Idee bis zur Präsentation vor kritischem Publikum. Vor diesem Hintergrund befassen wir uns im Kapitel „Problemlosen mit MikaSolv" zuerst allgemein mit dem praktischen Ablauf einer Problemlösung nach diesem Ansatz, um dann für jeden der vier Hauptschritte Erkennen des Kernproblems, Zuordnung auf Problemtypen, Auswahl der Lösungsstrategien und Anwendung derselben ins Detail zu gehen:

Hier wollen wir einen guten Überblick der theoretischen wie praktischen Aspekte der Methode gewinnen. Den Abschluss bildet dann die detaillierte Beschreibung der „Empirischen Überprüfung der Methodenwirksamkeit" im Zuge der im Jahr 2012 in Graz durchgeführten Studie.

Es ist mein Ziel, dass meine hier beschriebene Methode Einzelne und Teams bei ihrer Arbeit voran bringt und (bessere) Problemlösungen möglich macht. Darüber hinaus hoffe ich, dass mein Modell und seine Begrifflichkeiten zur gemeinsamen Perspektive werden und Gespräche, Diskussionen und Teamarbeit klarer, effizienter und eben lösungsorientierter machen.

Im Sinne des Leseflusses verzichte ich auf die dezidierte Nennung der weiblichen Form; sofern nicht anders angegeben, meine ich stets Frauen und Männer gleichermaßen.

Wien, im August 2013

Über den Autor

Anatol Mika wurde 1980 in Salzburg Stadt geboren, wuchs in Vorarlberg auf und zog im Jahr 2000 von dort nach Wien, um Betriebswirtschaft zu studieren. Im Jahr 2006 schloss er sein Diplomstudium mit den Spezialisierungen Klein- und Mittelbetriebe, Entrepreneurship und Innovation sowie Projektmanagement an der WU Wien ab, und absolvierte das Traineeprogramm und eine Sales-Ausbildung bei der IBM Österreich. Seit 2007 ist er als Projektmanager für die Firma bwin.party in Wien tätig, wo er auch Problemlösungs-Trainings anbietet. Nebenberuflich betreibt er seit 2011, in Kooperation mit dem Deutschen Hängegleiterverband, die Online-Lernplattform für Paragleiter und Drachenflieger in Deutschland und Österreich. Seine bisherigen Erfahrungen als Arbeitnehmer und Unternehmer bilden, neben eigener Forschungsarbeit, die Basis von MikaSolv.

© Stephan Hafner

Kontakt:
am@mikasolv.at
www.mikasolv.at

Inhaltsverzeichnis

Vorwort 5

Über den Autor 7

1. **Problemlösen im geschäftlichen Alltag** 11
   1.1 Was ist ein Problem? 11
   1.2 Schwache Leistung beim Problemlösen 14
   1.3 Möglichkeiten der Verbesserung 17
   1.4 Gruppen von Kreativitätstechniken 19
      1.4.1 Einteilung in intuitive und diskursive Methoden .. 19
      1.4.2 Einteilung nach ideengenerierenden Prinzipien ... 21
   1.5 Beispiele „inhaltlicher" Problemlöse-Methoden 22

2. **Die Entwicklung von MikaSolv** 25
   2.1 Der Anwendungsbereich von MikaSolv 26
   2.2 Beispiele sammeln, Listen aufbauen 29
   2.3 Entwicklungsschritte von der Theorie zur Praxis 33

3. **Problemlösen mit MikaSolv** 35
   3.1 Allgemeines zum MikaSolv Problemlöse-Pfad 35
   3.2 Schritt eins: Das Kernproblem erkennen 40

3.3	Schritt zwei: Problemtypen und -gruppen erkennen	46
3.4	Schritt drei: Passende Lösungsstrategien auswählen	49
3.5	Schritt vier: Lösungsstrategien auf das Problem anwenden	56

4. Empirische Überprüfung durch die IITF-Studie ... **63**

4.1	Allgemeine Anmerkungen	63
4.2	Teil eins: „Kottulinsky"	64
4.3	Teil zwei: „Meduni"	64
4.4	Ergebnisse der Studie	66
4.5	Gedanken zu den Versuchen	68

5. Anhang ... **71**

5.1	Volle Liste der Lösungsstrategien mit Brückentexten	71
5.2	Problemgeschichten aus dem Fundus meiner Trainings	101
5.3	Material der beiden IITF-Versuche	102

Literatur ... 105

Problemlösen im geschäftlichen Alltag   1

1.1 Was ist ein Problem?

Lassen wir zunächst die Wissenschaft sprechen. „Wir leben in einer sich ständig ändernden Wirklichkeit, die wir von unseren Wertvorstellungen und Absichten aus, die sich möglicherweise im Zeitablauf auch ändern, beurteilen. Fällt dieser Vergleich zu unserer Zufriedenheit aus, stehen Wunsch und Wirklichkeit im Einklang, und empfangen wir auch keine Signale, dass sich das ändern könnte, dann sind wir in der glücklichen Lage, kein Problem zu haben. Besteht oder droht aber eine Diskrepanz, dann ist dies der Anlass, die Situation zu problematisieren. Wir sprechen dann von einer Problemsituation" (Probst/Ulrich, 1988, Seite 116).

Diese kann „verstanden werden als Spannungszustand oder eine Differenz zwischen IST und SOLL, REAL und IDEAL, WIRKLICHKEIT und WUNSCHVORSTELLUNG, wobei dieser Spannungszustand stark genug ist, um ein Bedürfnis nach Abbau auszulösen" (Primus, 2003, Seite 57).

Der Abbau – das problemlösende Tätigwerden – hat also zwei Bedingungen: Die erste ist die Klarheit über das IST und darüber, dass man es so nicht will. Denn „ohne implizite oder explizite Konstatierung von Mangel, und zwar aus der internen Logik der jeweiligen relevanten Organisationseinheit, Gruppe oder Person, entsteht im System keine Energie für eine Veränderung. Daher ist an dieser Stelle eine Konfrontation der handelnden Personen mit der Realität erforderlich. Erst wenn das IST hinreichend verstanden wurde, macht es Sinn, sich mit dem SOLL zu beschäftigen" (Primus, 2003, Seite 71).

Die zweite Bedingung ist die, dass das SOLL gesehen, verstanden und gewollt wird, denn wenn „eine betroffene Organisationseinheit, Gruppe oder ein einzelnes Organisationsmitglied im Rahmen ihrer bzw. seiner spezifischen Bilanzierung dem erahnten oder einem feiner bzw. gröber skizzierten SOLL nichts Attraktives abgewinnen kann, so muss davon ausgegangen werden, dass trotz einer eventuell in hohem Maße gegebenen Mangeleinschätzung die an und für sich im System vorhandene Energie nicht gerichtet ‚pro Veränderung' wirksam wird" (Primus, 2003, Seite 72).

Im Zuge der Transformation des unerwünschten Anfangszustands in den erwünschten Zielzustand gilt es nun, eine Barriere zu überwinden, die das Erreichen von Soll, Ideal und Wunschvorstellung vorerst verhindert und die den Unterschied macht zwischen Problem und Aufgabe. Denn in jenem Fall, in dem barrierefreie Klarheit herrscht über den Weg zur Lösung, hat man es laut Hussy (1998, Seite 20) nicht mit einem Problem, sondern einer Aufgabe zu tun, da sich die zum Lösen erforderliche Denkleistung auf ein Durchlaufen eines bekannten kognitiven Handlungsmusters reduziert. Im selben Sinne sieht Franke (1998, Seite 8) ein Problem durch das Bestehen einer Wissenslücke charakterisiert; diese verhindert eine Veränderung. So steht ein fachkundiger Mechaniker in einer voll ausgestatteten KFZ-Werkstätte angesichts eines erkannten „technischen Problems" vor einer Aufgabe, nicht aber vor einem Problem, ein Schüler angesichts einer ihn überfordernden „Rechenaufgabe" aber vor einem Problem.

Eine Art der Problemdefinition in TRIZ – einer Methode zur Lösung technischer Probleme, die im Kapitel 1.5 näher beschrieben wird – ist die Formulierung von Widersprüchen, die zu überwinden sind. Diese Widersprüche bestehen zwischen einer so genannten primären nützlichen Funktion (PNF) und einer primären schädlichen Funktion (PSF). Sind diese beiden Funktionen gefunden und formuliert, gilt es, den Widerspruch zwischen ihnen aufzulösen: Ein Zustand (eine bestimmte Konstruktion, eine neue Situation) soll erreicht werden, in dem die nützliche, nicht aber die schädliche Funktion aufrecht bleibt.

1.1 Was ist ein Problem?

> **Beispiele:**
> Die Fläche eines Regenschirms bietet Schutz vor Regen, stellt aber auch eine Angriffsfläche für Wind dar. Ein großes Auto ist auf Reisen komfortabel und praktisch, macht aber beim Einparken in der Stadt Schwierigkeiten. Die Nähe meiner Wohnung zum Arbeitsplatz in der Stadt ermöglicht mir kurze Wege im Alltag, verwehrt mir aber eine ruhige, grüne Umgebung. Mögliche Lösungen wären hier Durchlassstellen für den Wind, die Verwendung einer Dachbox oder ein Wechsel in einen Job, der Arbeiten von zu Hause aus zulässt.

Laut Dörner (1976) spielt für das Überwinden der Barriere der Wissensstand über zwei Umstände eine entscheidende Rolle: Erstens über die **zielführenden Mittel**, zweitens über den **Zielzustand**. Auf dieser Grundlage baut Dörner seine Barrieren- und Problem-Klassifikation auf. Das Wissen um die zielführenden Mittel meint all jenes, was bei der Problemlösung zur Anwendung kommt; das Wissen über den Zielzustand fragt danach, ob es ein klares Bild des Resultats gibt, das die Problemlösung bewirken soll.

- Ist der Zielzustand bekannt, und sind die zielführenden Mittel bekannt, spricht Dörner von einer Interpolationsbarriere. Nur die Art und Weise des Mitteleinsatzes, also die richtige Kombination oder die Reihenfolge, ist unbekannt. Ein nicht fachkundiger Mensch in oben erwähnter KFZ-Werkstätte steht also vor einem Problem mit Interpolationsbarriere.
- Ist der Zielzustand bekannt, und die zielführenden Mittel gänzlich oder teilweise unbekannt, spricht Dörner von einer Synthesebarriere. Als Beispiel bringt er das Unterfangen, aus Blei Gold herzustellen, und nennt Probleme mit Synthesebarriere auch „Alchimistenprobleme": Nicht nur die Art und Weise des Mitteleinsatzes, sondern die zielführenden Mittel selbst sind uns nicht bekannt.
- Ist bereits der Zielzustand unbekannt und daher ebenso die zielführenden Mittel, spricht er von einer Dialektischen Barriere. In dieser Gruppe können die Kriterien für den angestrebten Zustand nicht oder nur vage genannt werden. Beispiele hierfür sind der Wunsch nach

einem *verbesserten* Produkt, einem *erfolgreichen* Drehbuch oder einer *schön* renovierten Wohnung.

1.2 Schwache Leistung beim Problemlösen

Meine eigene Beobachtung in Arbeitswelt und Alltag zeigt mir, dass wir alle in puncto Problemlösung noch viel zu lernen haben. Gute Lösungen werden selten erreicht, stattdessen werden Probleme oft verschoben: Entweder im zeitlichen Sinne oder aber derart, dass sie an der einen Stelle auf eine Weise beseitigt werden, die an einer anderen Stelle das gleiche Problem oder ein anderes entstehen lässt. Senge (2011, Seite 73) schreibt hierzu: „Die Ursachen unserer Probleme sind uns häufig ein Rätsel, dabei müssten wir nur einen Blick auf unsere Lösungen von gestern werfen". Echtes Problemlösen hieße dem gegenüber, das Problem hier und überall, jetzt und nachhaltig aus der Welt zu schaffen, und die Situation und ihre Beteiligten weiter entwickelt zu haben.

Auch wenn mir dieser Gedanke bedeutsam erscheint, ist dies nicht die Richtung, in die wir uns bewegen werden: Im Gegenteil werde ich später im Kapitel 3.2 zeigen, dass gerade der egoistische Fokus auf die eigene Situation oder die der eigenen Gruppe mit dem Problemverständnis eng verbunden ist und Problemlösung erst möglich macht. Es wird uns also um das Beseitigen von Problemen für ein Individuum oder eine Gruppe gehen, nicht unbedingt um ein letztendliches Aus-der-Welt-Schaffen von Problemen. Zu oft erreichen wir nicht einmal die Verschiebung des Problems aus dem eigenen Bereich weg.

In meinem beruflichen Alltag beobachte ich eine Reihe von wieder kehrenden Verhaltensmustern, wann immer eine Gruppe sich anschickt, ein Problem zu bearbeiten. Lassen Sie mich im Folgenden ein düsteres Bild zeichnen.

- Im Zentrum steht die Frage, wer das Problem verursacht hat. Bestenfalls hilft dies zwar zu verhindern, dass sich das Vorgefallene in naher Zukunft in ähnlicher Weise wiederholt. Was aber das vorliegende, bereits eingetretene Problem betrifft, so werden Auswirkungen und

1.2 Schwache Leistung beim Problemlösen

Lösung möglicherweise umso weniger Aufmerksamkeit finden. Zu seinen Beobachtungen beim Laborexperiment „Bierspiel" schreibt Senge (2011, Seite 67): „Weil die Spieler sich mit ihrer Position identifizieren, erkennen sie nicht, wie sich ihr Handeln auf die anderen Positionen auswirkt." Kommt es zu Problemen, wird die Schuld folglich bei den Anderen gesucht.

- Hat das vorliegende Problem die Aufmerksamkeit der Gruppe, findet mangels Begrifflichkeit ein wildes Springen zwischen den Themen Problemanalyse und Lösungsfindung statt.
- Diese mangelnde Konzentration auf die Problemanalyse unterstützt sich wechselseitig mit der dünn gesäten Fähigkeit der Diskussionsteilnehmer, für sich den Kern des Problems zu erkennen. Dies wäre aber die Voraussetzung dafür, sich im nächsten Schritt in der Gruppe auf eine gemeinsame Problemauffassung zu einigen.
- Arbeitet die Gruppe nun mit oder ohne Klarheit über das Kernproblem an den Lösungen, wird gerne auf die erste Idee, die auf den Tisch kommt und halbwegs interessant ist, volles Augenmerk gelegt. Andere, möglicherweise schlagkräftigere Ansätze fallen ohne Aufmerksamkeit unter den Tisch.
- Leider sind diese ersten Ideen am Tisch meiner Erfahrung nach selten besonders originell. Vielmehr sind es „alte Bekannte" aus einer kleinen Gruppe immer gleicher Standardlösungen: Der *Bonus* begeistert. Das *Training* macht fähigere Mitarbeiter. Und die *Taskforce* ändert alles.

Der oben an zweiter und dritter Stelle genannte Umstand bringt das Resultat, dass die Gruppe zur Lösung weiter schreitet, bevor das Problem ausreichend erkannt ist. Wer dies tut, handelt als ein „unvernünftiger Mann, der sein Haus auf Sand baute" (Matthäus 7,26 EU), denn in Ermangelung eines klaren Problemverständnisses wird nun alles Mögliche gelöst, nur das zu Grunde liegende Problem bleibt von allen Bemühungen unberührt und darf weiter bestehen. (Ein anderes Problem wird gelöst.) Auch kann sich die Problemlösung auf das offensichtliche Symptom richten und dieses per Workaround ändern. (Ein Symptom des Problems wird gelöst.)

Ich möchte mich an dieser Stelle keinesfalls pauschal gegen Workarounds – zu Deutsch: Zwischen- oder Übergangslösung, Abhilfe, Hilfskonstruktion – aussprechen; sie werden uns später als valides Mittel für den Problemlöser wieder begegnen. Vielmehr möchte ich betonen: Es ist wichtig, dass ihr Einsatz „sehenden Auges" erfolgt, um nicht wenig später überrascht und ratlos vor den mühsam-teuren Folgen der billig-schnellen Provisorien zu stehen.

Der Einsatz von Workarounds hat unter anderem folgende Auswirkungen auf das betroffene System:

- Der Workaround **verkompliziert das System**. Während eine Lösung das System dahingehend ändern würde, dass das Problem nicht mehr besteht, erreicht das Provisorium in der kurzen Frist denselben Effekt, indem es dem System etwas *hinzufügt*. Dieses ist nicht nur mehr, sondern auch anders, wird für seine Gestaltung doch naturgemäß nur der aktuell krankende Teilbereich in Betracht gezogen. Folglich besteht das Provisorium in Abweichung von oder im Widerspruch zu der Logik des Gesamtsystems; bedingt durch Abhängigkeiten macht es die Systemleistung tendenziell langsamer, und weitere Systemänderungen potenziell schwieriger.
- Der Workaround neigt dazu, die dem Symptom zu Grunde liegenden **Missstände zu kaschieren**. Mit Blick auf die lange Frist wäre in vielen Fällen das Gegenteil klüger: „Den Karren gegen die Wand zu fahren", also zuzulassen, dass durch die üblen Verhältnisse weithin sichtbarer Schaden entsteht. Das ist zwar schmerzhaft, macht aber nachhaltige Besserung oft erst möglich.

Dueck (2010, Seite 91) unterscheidet drei Fälle nicht zielführender bzw. schädlicher Arbeit, die wir analog auf das Thema Problemlösen anwenden können. **Sein Fall eins**: „Arbeit wird zu langsam verrichtet oder muss korrigiert werden, sodass zwar etwas geschafft worden ist, aber keinen Gewinn gebracht hat." Auf unser Thema übertragen bedeutet das: Es bessert sich die Problemsituation so geringfügig, dass in Anbetracht des hierfür notwendigen Aufwands in Summe keine Verbesserung stattfindet. **Duecks Fall zwei**: „Arbeit wurde unnötig erbracht, sodass die entsprechende Arbeitszeit vernichtet worden ist. Man hat genau so viel Verlust gemacht, wie die Arbeit kostete." Auf die Problemlösung bezogen bedeutet das: Es findet keinerlei Verbesserung der Problemsituation statt, mit dem für den Versuch notwendigen Aufwand wird in Summe ein Rückschritt gemacht. **Fall drei**, den Dueck als negative Arbeit bezeichnet: „Arbeitsfolgen und Ergebnisse richten einen Schaden woanders an, der um Größenordnungen höher sein kann als die Kosten der schädlichen Arbeit." Auf unser Thema übertragen: Es wird durch den unqualifizierten Versuch der Problemlösung nutzloser Aufwand erzeugt, vor allem aber das Problem verschlimmert.

Mag sein, dass auch in Gruppen, die sich hier wiederfinden, Veränderung und Fortschritt stattfindet. Mag sein, dass Sie in der glücklichen Lage sind, viele der oben beschriebenen Punkte nicht aus Ihrer Praxis zu kennen. So oder so bleibt es verwunderlich, dass bei einem so wichtigen Thema bisher noch nicht mehr Systematik Einzug gehalten hat.

1.3 Möglichkeiten der Verbesserung

Aus den beschriebenen Beobachtungen lassen sich folgende Empfehlungen ableiten:
- Der **Einsatz eines fähigen Moderators**. Durch ihn wird der Fokus auf die Fakten gewährleistet und die Arbeit in der Gruppe jederzeit auf einem produktiven Pfad gehalten. Der Moderator „befasst sich mit dem Schaffen einer Lernsituation, sodass alle Aspekte gleichermaßen bearbeitet werden können" und damit dem Herstellen „günstiger Rahmenbedingungen für den Prozess der Problemlösung". In seinem Bemühen, die in Kapitel 1.1 beschriebenen Bedingungen für das problemlösende Tätigwerden der Gruppe sicher zu stellen, wird der Moderator unter anderem prüfen, ob „der Mangel im IST als ausreichend für einen Handlungsbedarf erkannt" wurde und „die Attraktivität des SOLL ausreichend gegeben" ist. Auf diese Weise kann „die Bereitschaft, aller am Transformationsprozess beteiligter Personen, zur Durchführung der Transformation, überprüft werden" (Primus, 2003, Seite 70).

- Die **Unterscheidung von Problemanalyse und Lösungsfindung**. Es empfiehlt sich, mit der Phase der Problemanalyse zu beginnen und diese unmissverständlich von der folgenden Phase der Lösungsfindung zu trennen.
- Das **Formulieren des Kernproblems**. Am Ende der ersten Phase sollte ein allgemeines Verständnis davon und Einigkeit darüber herrschen, was das zu lösende Kernproblem ist.
- Die **Trennung von Lösungsfindung und -auswahl**. Hier ist nicht das aus dem Brainstorming bekannte Vorgehen gemeint, eine Phase lang kritiklos jede noch so absonderliche Idee aufzunehmen und die Prüfung derselben auf den nächsten Schritt zu verschieben. Lassen Sie die Gruppe entscheiden, welche Lösungsideen als potenziell brauchbar festgehalten werden und welche nicht. Was dem gegenüber hier auf den nächsten Schritt verschoben sei, ist das Befassen mit Details einzelner Lösungen. Stellen Sie in diesem Sinne sicher, dass die Phase der Lösungsfindung und -sammlung lange genug offen und die Aufmerksamkeit der Beteiligten bei der Lösungsfindung bleibt. Verhindern Sie also, dass das inhaltliche Eingehen auf einzelne Ideen durch das Ausblenden aller andern die Lösungsfindung vorzeitig beendet. Mit anderen Worten: Ziel der erst genannten Phase ist eine breite Palette von Optionen. Erst im nächsten Schritt folgt das Befassen mit deren Details, eine Auswahl und Reduktion.
- Die **Anwendung von „inhaltlichen" Methoden**. Nutzen Sie vorhandenes Material, das die Einfälle und Erfahrungen anderer für Ihre aktuelle Problemlösung zugänglich macht. Unterscheiden Sie dabei bewusst zwischen Methoden, die nur einen Arbeitsprozess definieren („nicht inhaltlich") und Methoden, die darüber hinaus Anhaltspunkte für neue Ideen anzubieten haben (vgl. Kapitel 1.4). Bringen Sie eine geeignete Methode aus der zweiten Gruppe zum Einsatz, stellen Sie ihre Lösungsfindung damit auf ein Fundament aus bewährten, abstrakt formulierten Inhalten und machen Sie sich somit ein Stück weit unabhängig von Instinkt, Intuition und Bauchgefühl der Beteiligten.

Die zur Verfügung stehenden Kreativitätstechniken und die Gruppen, in die sie sich gliedern, wollen wir uns in der Folge genauer ansehen.

1.4 Gruppen von Kreativitätstechniken

Die dem Problemlöser zur Verfügung stehenden Kreativitätstechniken lassen sich nach verschiedenen Gesichtspunkten in Gruppen einteilen. Sie alle „stellen Verhaltensstrategien dar, die der Mensch auf Grund eigener oder fremder Erfahrungen entwickelt" hat, um künftige Problemlösung schneller und produktiver zu machen (Heinen, 1972). Insbesondere bei schlecht strukturierten Problemen begünstigen sie die Wahrscheinlichkeit der Lösungsfindung, garantieren jedoch nicht den Lösungserfolg (Taylor, 1965; Kirsch, 1971, Seite 155). Ziel dieses Abschnitts ist es, durch die unterschiedlichen Gruppierungen auf die Facetten der einzelnen Methoden hinzuweisen. Die meisten derselben werden als Beispiele und ohne weitere Erklärungen genannt; einige besonders relevante sind im Kapitel 1.5 genauer beschrieben.

1.4.1 Einteilung in intuitive und diskursive Methoden

Intuitive Methoden lösen das Problem in einem Zug. Das bedeutet so lange zu überlegen, bis eine Lösung gefunden ist. Dieses Vorgehen basiert auf parallelem, multiplem, weitgehend unbewusstem Denken; man nimmt an, dass hier mehrere Denkprozesse simultan und weitgehend unbewusst ablaufen. Führt dies zu einem positiven Ergebnis, tritt die neue Idee als plötzlicher Einfall zutage. Diese inneren Abläufe sind offensichtlich schlecht zu steuern, und der kreative Einfall kann nicht erzwungen werden.

Die zu dieser Gruppe gehörenden Methoden sind eher auf Aktivierung des Unbewussten und Stimulation des Lösungsprozesses ausgelegt; unter anderem durch Gedankenassoziationen verfolgen sie das Ziel, Wissen freizulegen, an das man sonst nicht denkt. In diesem Sinne nutzen sie in hohem Maße vorhandene Erfahrung und Kreativität; bei erfahrenen Experten und vertrauten Aufgaben liefern sie schnell gute Ergebnisse. Allgemein legen intuitive Methoden eine breite Basis an Lösungen vor. Es besteht die Möglichkeit, diese im Anschluss mit Hilfe von diskursiven Methoden weiter zu bearbeiten.

Beispiele:
Brainstorming von Alex F. Osborn, die 6-3-5 Methode von Bernd Rohrbach (6 Teilnehmer, 3 Ideen und 5 Weitergaben), Mindmapping geprägt von Tony Buzan, Kopfstandtechnik (Umkehrung der eigentlichen Aufgabenstellung)

Diskursive Methoden führen die Lösungssuche systematisch, wohl strukturiert und weitgehend bewusst durch, wobei der Weg einem Vorgehensplan über logisch auf einander folgende Arbeitsschritte und Zwischenstände folgt. Der Lösungsprozess wird so kontrollierter und beherrschbarer, und der Problemlöser kann sich auf den jeweils vorliegenden Teilaspekt konzentrieren. Durch dieses führende Vorgehen ermöglichen diese Methoden einen besseren Überblick der ganzen Breite des Lösungsfeldes, bringen jedoch den Nachteil mit sich, dass der Prozess aufwändiger und für den Erfindergeist hemmend ist.

Beispiele:
Osborn-Checkliste, SCAMPER von Bob Eberle bzw. SCAMMPERR von Michael Michalko, Progressive Abstraktion von Horst Geschka (Entfernung vom Problem bringt Veränderung der Perspektive), Kraftfeldanalyse von Kurt Lewin (Analyse der treibenden und rückhaltenden Faktoren in einer Situation)

Kombimethoden vereinen intuitive und diskursive Elemente und machen es möglich, die Vorteile beider Gruppen für die Problembearbeitung zu nutzen. Dabei werden oft erste Lösungen oder Teillösungen auf intuitive Weise generiert; im Anschluss werden diese in eine diskursiv erarbeitete Struktur übertragen, oder ein diskursives Vorgehen baut auf systematische Weise darauf auf.

> **Beispiele:**
> Die Denkhüte oder Sechs Hüte von Edward De Bono, die Wertanalyse (Wertsteigerung durch Erhöhung der Befriedigung von Kundenbedürfnissen oder durch Reduktion des Einsatzes von Ressourcen), die Walt-Disney-Methode (das Problem wird aus drei bestimmten Blickwinkeln betrachtet und diskutiert), die TRIZ von Genrich S. Altschuller (siehe unten)

Die hier wiedergegebene Einteilung ist unter anderem bei Meier (2006) und bei Boos (2009) zu finden.

1.4.2 Einteilung nach ideengenerierenden Prinzipien

Auch können Kreativitätstechniken laut Geschka/Schwarz-Geschka (2011) aufgrund der grundlegenden ideengenerierenden Prinzipien in fünf Methodengruppen gegliedert werden.

Techniken der freien Assoziation: Prägendes ideengenerierendes Prinzip ist hierbei die in der Gruppe wechselseitige freie Assoziation, Beispiele für Methoden dieser Gruppe sind das Brainstorming, die Kartenumlauftechnik (Brainwriting) und die Ringtauschtechnik (Brainwriting).

Techniken der strukturierten Assoziation: Prägendes ideengenerierendes Prinzip ist auch hier die in der Gruppe wechselseitige freie Assoziation, allerdings innerhalb einer vorgegebenen Struktur. Beispiele für Methoden dieser Gruppe sind das Mindmapping und die Sechs Hüte (Denkhüte).

Konfrontationstechniken: Prägendes ideengenerierendes Prinzip ist die Konfrontation der Gruppenmitglieder mit bewusst problemfremden Aspekten wie Reizworten, Gegenständen, Bildern oder technischen Prinzipien, wodurch auch weniger nahe liegende Einfälle provoziert werden. Beispiele für Methoden dieser Gruppe sind die Visuelle Konfrontation, die Reizwortanalyse, das Bildkarten-Brainwriting und der Einsatz von Konfrontationsobjekten.

Imaginationstechniken: Prägendes ideengenerierendes Prinzip ist das Entwickeln von inneren Bildern. Beispiele für Methoden dieser Gruppe sind die Drei-Türen-Methode, die Geleitete Phantasiereise sowie die Methode „Try to Become the Problem".

Kombinationstechniken: Prägende ideengenerierende Prinzipien sind die systematische Abwandlung und die systematische Konfrontation. Beispiele für Methoden dieser Gruppe sind das Morphologische Tableau, die Morphologische Matrix und das Attribute Listing.

1.5 Beispiele „inhaltlicher" Problemlöse-Methoden

In Hinblick auf die im nächsten Teil vorzustellende eigene Methode und wie am Ende von Kapitel 1.3 festgestellt gilt unser besonderes Interesse jenen Methoden, die über Setup und Ablauf hinaus mit eigenen bewährten, abstrakt formulierten Inhalten aufwarten. Im Folgenden seien drei solche Methoden, die auch schon als Beispiel in Kapitel 1.4 Eingang fanden, näher vorgestellt. Im Zuge des Methodenvergleichs nenne ich bereits an dieser Stelle einzelne Lösungsstrategien aus MikaSolv; wir werden auf diese und alle anderen später in Kapitel 3 umfassend eingehen.

Die **Osborn-Checkliste** wurde von Alex F. Osborn um 1957 als neue Kreativitätstechnik veröffentlicht. Sie besteht aus neun Ansätzen (engl. *verbs*) und insgesamt 62 Fragesätzen (engl. *questions*), wobei jeder Ansatz zwei oder mehr Fragesätze beinhaltet. Aus dem Ansatz „Vergrößern" ergibt sich beispielsweise die Frage nach einer höheren Frequenz oder die nach einer Verlängerung; der Ansatz „Ersetzen" listet die Frage nach anderen Inhalts- oder Betriebsstoffen genauso wie die Frage nach einem anderen Ort.

Berührungspunkte zwischen der Liste der MikaSolv Lösungsstrategien und Osborns Checkliste gibt es wie folgt: Die Strategie „Nutzer oder Verwendungen hinzufügen" in MikaSolv erinnert an Osborns Fragesatz „Gibt es alternative Verwendungen so wie es ist?" aus dem Ansatz „Andere

1.5 Beispiele „inhaltlicher" Problemlöse-Methoden

Verwendung", die Lösungsstrategie „Verdoppeln, multiplizieren" erinnert an Osborns Fragesätze „Duplizieren?" und „Vervielfachen?" aus dem Ansatz „Vergrößern", und „Örtlich verschieben, kombinieren, trennen" in MikaSolv kommt dem bereits eingangs genannten Fragesatz „Anderer Ort?" aus dem Ansatz „Ersetzen" nahe.

Mit **SCAMPER** baut Bob Eberle im Jahr 1997 auf Osborns Arbeit auf und entwickelt diese weiter. Der Name der Methode ist gleichzeitig Gedächtnisstütze für ihre Ansätze Substitute (ersetzen), Combine (kombinieren), Adapt (anpassen/angleichen), Modify (ändern), Put to an other use (anders einsetzen), Eliminate (weglassen) und Reverse (umkehren). Wie bei Osborn sind neben diesen Begriffen auch weiter führende Fragen zentraler Bestandteil.

Aufgrund der abstrakt formulierten Begriffe der Osborn-Checkliste und bei SCAMPER ist die Anwendung in Gruppen oft mit einem anfänglichen Lern- und Abstimmungsaufwand verbunden. Ein erfahrener Moderator und ein vorhergehendes Training können hier von Nutzen sein. Die vorgestellten Methoden können bei der Problemlösung helfen, sind aber keine Problemlösemethoden im engeren Sinne. Viel mehr zielen sie darauf ab, Einfälle für neue Produkte oder Prozesse zu liefern, indem sie zur spielerisch-experimentellen **Modifizierung existierender Produkte und Prozesse** auffordern. Die Begriffe und Fragen der Listen bieten zu diesem Zweck eine systematische Abdeckung unterschiedlicher Perspektiven auf das Produkt oder den Prozess; sie bauen nicht auf einander auf, ihre Abarbeitung kann in beliebiger Reihenfolge geschehen. MikaSolv arbeitet gegenüber Osborn-Checkliste und SCMAPER mit vergleichsweise „konkreten" Begriffen (zBsp. Filter, Attrappe), die bei der Problembearbeitung näher an mögliche Lösungen heranführen.

Die hier wiedergegebenen Eckdaten der Methoden sind unter anderem bei Michalko (2006) und bei Boos (2009) zu finden.

Mit den **40 innovativen Prinzipien** aus TRIZ („Theorie des erfinderischen Problemlösens") hat Genrich Altschuller in den 1940er Jahren festgeschrieben, dass vermeintlich neuartige Probleme meist nicht wirklich neuartig sind. Stattdessen findet man oftmals für funktionell ähnliche Anforderungen in anderen Bereichen oder Branchen bereits fertige

Lösungen vor. Die Durchsicht einer sehr großen Zahl von Patentschriften lieferte Altschuller 40 Grundprinzipien für die Lösung technischer Probleme, denen die meisten Erfindungen folgen. Diese Grundprinzipien lassen sich seither für die Lösung technischer Problemstellungen nutzen, die vermeintlich, aber nicht prinzipiell neu sind. Über die Formulierung technischer Widersprüche (vgl. Kapitel 1.1) und die Anwendung der TRIZ-Widerspruchsmatrix werden jene Prinzipien identifiziert, die für das vorliegende Problem potenziell hilfreich sind. Diese liefern dann – bedingt durch die abstrakte Formulierung – in der Regel keine fertigen Lösungen, sondern regen den Anwender vielmehr an, in eine gewisse Richtung zu denken. Gelegentlich liegt die Lösung auch in der Kombination mehrerer Prinzipien.

Nach Livotov/Petrov (2005) sind die folgenden 10 Prinzipien als Lösungsansätze für ca. 60 % aller technischen Aufgabenstellungen brauchbar: Veränderung der physikalischen und chemischen Eigenschaften (Nr. 35), Vorherige Wirkung (Nr. 10), Zerlegung (Nr. 1), Ersetzen des mechanischen Systems (Nr. 28), Abtrennung (Nr. 2), Dynamisierung (Nr. 15), Periodische Wirkung (Nr. 19), Ausnutzung mechanischer Schwingungen (Nr. 18), Farbveränderung (Nr. 32) sowie Funktionsumkehr, Inversion (Nr. 13).

Überschneidungen zwischen meinen Lösungsstrategien und Altschullers 40 innovativen Prinzipien sind, wenn auch letztere klar technisch orientiert sind, in geringem Ausmaß vorhanden. „Örtlich verschieben, kombinieren, trennen" aus meinem Katalog ist verwandt mit Altschullers „Abtrennung", mein „Bereitstellend vorbereiten" ist in der gedanklichen Nachbarschaft von Altschullers „vorher untergelegtem Kissen" und mein „Generalisieren, flexibilisieren" mag ähnliches bedeuten wie die „Universalität" aus Altschullers Liste.

Die hier wiedergegebenen Eckdaten sind unter anderem bei Livotov/Petrov (2005) und bei Koltze/Souchkov (2010) zu finden.

Die Entwicklung von MikaSolv 2

Im vorhergehenden Kapitel haben wir gesehen, dass es mit der Osborn-Checkliste und ihren Weiterentwicklungen eine Reihe patenter inhaltlicher Methoden gibt, die sich vorzüglich für die Anwendung auf geschäftliche Fragestellungen eignen. Diese sind jedoch keine Problemlösungsmethoden im engeren Sinn, die alle Bereiche von der Problemformulierung bis zur Lösungsfindung abdecken. Altschullers 40 innovative Prinzipien hingegen – in Verbindung mit der oben erwähnten Widerspruchsmatrix – sind zwar eine Problemlösungsmethode, befassen sich aber mit technischen, erfinderischen Herausforderungen.

Im Winter 2005/06 besuchte ich mit „Analyse von E-Business Geschäftsmodellen unter Anwendung ausgewählter TRIZ-Werkzeuge" einen meiner letzten Kurse an der Wirtschaftsuniversität Wien. In der abschließenden Seminararbeit sollten wir mittels Widerspruchsmatrix und den 40 innovativen Prinzipien aus TRIZ Lösungsvorschläge für beschriebene Probleme eines Trainingsanbieters im Bereich theaterbezogene Berufe (Projekt „The Performance Bridge") finden. Der Kurs war mein Erstkontakt mit TRIZ und mit systematischem Problemlösen überhaupt. Ich beendete die Seminararbeit und den Kurs mit zwei Einsichten: Erstens hatte ich festgestellt, dass das strukturierte und systematische Herangehen an Probleme sehr viel Potenzial in sich trägt, was mich zu der Frage führte, warum dies in unserem Alltag so wenig verbreitet ist. Zweitens hatte ich den Eindruck gewonnen, dass die TRIZ aufgrund ihrer Natur für technische Herausforderungen exzellente Dienste leisten mag, für Probleme des geschäftlichen Alltags jedoch nicht das passende Werkzeug ist.

Folglich suchte ich nach Methoden, die systematisch und leistungsstark wie TRIZ sind, dabei aber für Geschäftsführung und Strategie geeignet – ohne Erfolg. Diesen in meinen Augen wichtigen Bereich als unbesetzt vorzufinden verwunderte mich; bei der nun folgenden Entwicklung der MikaSolv Methode verfolgte ich das Ziel, diese Lücke zu schließen.

Vorausgeschickt sei, dass die Methode, die ich im Sinn hatte, keinesfalls nur Rahmen und Vorgehen erklären sollte, wie das zum Beispiel bei der Methode 8D oder dem Osborn-Parnes CPS Process der Fall ist. (Beide werden hier nicht näher erläutert.) Stattdessen sollte meine Methode für jene Phasen und Prozessschritte, in denen Lösungen entstehen sollen, echte Inhalte bieten. Neben die Listen von Alex Osborn und Bob Eberle – deren Anwendung ich vor allem im für mich relevanten geschäftlichen Bereich sehe – wollte ich eine Methode stellen, die nicht nur Ideen für Variation und Weiterentwicklung liefert, sondern die Anforderungen des Problemlösens von der Problemformulierung bis zur Lösungsfindung abdecken kann; neben Genrich Altschullers technisch ausgerichtete 40 innovative Prinzipien wollte ich eine Problemlösungsmethode setzen, die ohne Einschränkung und direkt für den Bereich der im Geschäftsalltag vorkommenden Strategie- und Prozessprobleme einsetzbar ist.

2.1 Der Anwendungsbereich von MikaSolv

Mein Ziel war also die Entwicklung einer systematischen, umfassenden und inhaltlichen Methode für die Lösung von Strategie- und Prozessproblemen. Lassen Sie mich hierauf etwas näher eingehen und erläutern, für welche Bereiche die Methode effektiv eingesetzt werden kann, und wo ihre Anwendbarkeit endet.

Die vergleichsweise elegante Eingrenzung auf Strategie- und Prozessprobleme hatte ich nicht immer zur Hand. Stattdessen lag es für mich zu Beginn ob der anfänglichen Nachbarschhaft zu Altschuller nahe, den

2.1 Der Anwendungsbereich von MikaSolv

Wirkungsberiech meiner Methode als *nicht-technisch* zu umschreiben. Bemüht, neben die Negativdefinition einen griffigen Anwendungsbereich zu stellen, umschrieb ich diesen in Folge als Organisations-, Prozess- und Setupprobleme, praktische Probleme und Strategiefragen – und fügte hinzu, dass dies eben all jenes sei, worüber sich Manager, Politiker und normale Menschen im Alltag für gewöhnlich den Kopf zerbrechen. Dem gegenüber hielt ich fest, dass meine Methode nicht geeignet war, um Lösungen für mathematische, geometrische, psychologische, künstlerische, gestalterische oder eben technische Probleme zu bearbeiten.

Diese Eingrenzung schien eine Zeit lang ihren Zweck zu erfüllen. Später stieß ich bei meiner Recherche unter anderem auf die Problemarten nach Süllwold (1965, Seite 274f), der mathematische, geometrisch-räumliche, praktisch-technische und verbale Probleme unterscheidet. Seine Einteilung brachte mich zu der Ansicht, dass bereits der Begriff der praktischen Probleme den Anwendungsbereich der Methode recht gut auf den Punkt bringt.

Mario Pricken machte mich schließlich in einem Gespräch über die Muster in Problemlösungen und kreativer Werbung darauf aufmerksam, dass in allen von mir behandelten Anwendungsfällen ein zeitlicher Ablauf zu finden ist. Diese Feststellung, die aus dem Vergleich mit den von Pricken untersuchten statischen Werbekampagnen entsprang, war in meinen Augen eine vortreffliche Beschreibung meines Bereichs. Seither ist das Prozessproblem zentraler Begriff in meiner Anwendungsbeschreibung. Um den Kreis zu schließen hat diese Darstellung auch den Ausschluss der technischen Probleme überholt, und ich gehe mittlerweile davon aus, dass mit Einschränkungen auch manche technischen Probleme mittels Problemdefinition und Lösungsstrategien aus MikaSolv gelöst werden können.

In Tabelle 1 finden sich Beispiele für geeignete und nicht geeignete Problemstellungen.

Tabelle 1: Beispiele für geeignete und nicht geeignete Problemstellungen

Problem-Beispiele	Ist MikaSolv anwendbar?
– Die US-Behörde FBI kommt im Fall des 1999 ermordeten Ricky McCormick mit der Entschlüsselung des Codes, der beim Opfer gefunden wurde, nicht voran – Für die Alliierten war es während des Zweiten Weltkrieges von entscheidender Bedeutung, Ort und Zeit der Normandie-Invasion geheim zu halten, jedoch war es sehr schwierig, eine Unternehmung dieser Größenordnung zu verstecken – Hotels haben das Problem, dass abreisende Gäste regelmäßig ihren Zimmerschlüssel nicht retournieren – Ein Bankräuber fragt sich, wie er nach dem Bankraub die Beute sicher aus der Bank schaffen kann	Für alle vier Beispiele gilt: Jemand möchte einen Prozess derart gestalten, dass er sein Ziel erreicht. Es kann sich dabei um einmalige (Bankraub) oder immer wiederkehrende Prozesse (Zimmerschlüssel) handeln. Es geht darum, hilfreiche Ideen für die Gestaltung des Prozesses zu finden.
– Wie kann der Luftwiderstand eines Gleitschirms weiter verringert werden?	Zwar können hier mittels MikaSolv Denkansätze dahin gehend gefunden werden, welche Teile des Geräts zu betrachten sind und wie mit diesen zu verfahren ist – die eigentliche Problemlösung wird aber durch physikalische Berechnungen erfolgen.
– Wie muss ein Zylinder mit 1 m3 Volumen dimensioniert sein, sodass möglichst viele ganze Kugeln mit jeweils 1 cm^3 Volumen in ihm Platz finden?	Hierbei handelt es sich um kein Prozessproblem. Denkansatz und Berechnung erfolgen nach den Regeln der Geometrie.
– Auf welche Weise kann Ingrid ihre Schlafstörungen in den Griff bekommen?	Es können hier mittels MikaSolv Denkansätze für eine förderliche Änderung des Setups gefunden werden. Da sich das Problem aber – so die Annahme – nicht auf die äußeren Umstände beschränkt sondern psychologischer oder medizinischer Natur ist, ist eine Lösung in diesen Fachbereichen zu suchen.

Tabelle 1: Fortsetzung

Problem-Beispiele	Ist MikaSolv anwendbar?
– Mit welchen Farben und Formen muss der Empfangsraum von Hektor gestaltet sein, um die vorhandenen Möbel bestmöglich zur Geltung zu bringen?	Auch hier handelt es sich um kein Prozessproblem. Die Erfüllung dieses Wunsches erfolgt nach den Regeln und Erfahrungswerten der Innenarchitektur.

2.2 Beispiele sammeln, Listen aufbauen

Am Anfang meiner Arbeit stand der Wunsch, aus dem Prozess der Problemlösung ein gutes Stück weit den Zufall herauszunehmen: Es sollte bei der Bearbeitung von drängenden Problemen nicht so sehr auf die Tagesverfassung der Beteiligten ankommen, und nicht so sehr darauf, ob die Atmosphäre in Team und Besprechungszimmer gerade förderlich ist. Und am Ende sollte nicht immer die Unsicherheit stehen: Hoffentlich ist alles dabei, hoffentlich haben wir nichts übersehen (vgl. Kapitel 1.3). Dazu wollte ich die Art und Weise, wie Problemlösung funktioniert, verstehen und verständlich und lehrbar machen. Wie diese Analyse und Dokumentation von statten gehen kann, hat mir vor dem Uni-Kurs über Genrich Altschuller (erfinderische Muster hinter Patentschriften) auch ein im Frühjahr 2003 stattfindender Workshop mit Mario Pricken klar gemacht. In seinem Buch „Kribbeln im Kopf" (2001) liefert er das Ergebnis seiner Analyse: Anhand prämierter Werbekampagnen erklärt er jene „Kickstart Questions", die sich Kreative bei der Suche nach originellen Ideen stellen oder stellen könnten. Da ich zu Werbung nie ein besonderes Naheverhältnis hatte, faszinierten mich damals vor allem Prickens systematischer Zugang und die Frage, ob ich Vergleichbares auch für *meinen Bereich* finden könnte: Ich wollte erforschen, was wir tun, um praktische Probleme zu lösen.

Mein Startpunkt für den Aufbau eines neuen Systems von neuen Begriffen waren konkrete Beispiele, die mir in der Welt um mich herum begegneten. Ich interessierte mich für gute Ideen, für die Tricks, die Best

Practices; diese werden dann sehr wertvoll, wenn es gelingt, durch die abstrakte Formulierung Kern und Funktionsweise herauszuschälen, und diese später – für eine vergleichbare Problemstellung aus einem ganz anderen Bereich – zur Verfügung zu haben. Ich sammelte die Herangehensweisen von Menschen, die besonders geschickt handelten, sich vorteilhaft organisierten und effektive Wege fanden, ihre Ziele zu erreichen.

Es ist mir an diesem Punkt wichtig zu sagen, dass die Entscheidung, die Welt der praktisch-organisatorischen Strategie- und Prozessprobleme zu erforschen, eine willkürliche war und nur eine von mehreren Möglichkeiten: Der Bereich hätte genauso der des Coachings, der Produktideen, der Geschäftsmodelle, des Vertriebs oder der Psychotherapie sein können – jedes davon wäre ein interessantes Schwesterprojekt.

Stellen Sie sich für das Folgende bitte eine einfache Tabelle vor.

- **In die erste Spalte** schrieb ich meine gesammelten konkreten Beispiele, eins unter das andere. Hier stehen Vogelscheuche, Hauskatze, Bremslichter, Flugsimulator, aufblasbare Panzerattrappen, das Vier-Augen-Prinzip und noch viel mehr.
- **In der zweiten Spalte** stellte ich mir für jeden Begriff der ersten Spalte die Frage, worin der Kern dieser Idee besteht und wie man diesen in abstrakter, also allgemein gültiger Form beschreiben könnte. Die Vogelscheuche erfüllt den Zweck eines das Feld bewachenden Bauern, ist aber in jeder Hinsicht günstiger. Die Hauskatze fängt Mäuse, weil es ihre Natur ist. Die Bremslichter weisen das nachfolgende Fahrzeug auf eine potenzielle Gefahrensituation hin. Der Flugsimulator bietet Piloten in Aus- und Weiterbildung Flugerfahrung, ist aber günstiger und sicherer als ein Flugzeug in der Luft.
- **In der dritten Spalte** hielt ich fest, welches konkrete Problem die konkrete Lösung aus Spalte eins denn löst; das meiste davon ergibt sich aus der allgemeinen Form der Ideen in Spalte zwei: Der Bauer hat es mit die Saat fressenden Vögeln zu tun und kann nicht den ganzen Tag am Feld stehen, Mäuse verschmutzen das Haus und richten Schaden an Vorräten an, wenn ein Fahrzeug bremst droht ein dahinter fahrendes aufzufahren, und häufige Ausbildungsflüge sind zu teuer.

2.2 Beispiele sammeln, Listen aufbauen

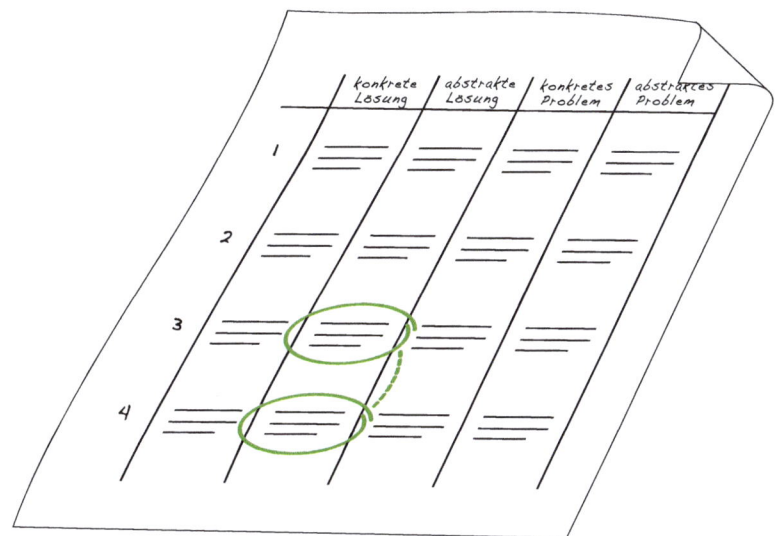

Abbildung 1: Vierspaltige Tabelle als Startpunkt

- **In der vierten Spalte** stellte ich mir nun für jedes Problem der dritten Spalte die Frage, worin dessen Kern besteht und wie man diesen wiederum in abstrakter, also allgemein gültiger Form beschreiben könnte. Dem Bauern mangelt es an Zeit (oder Kindern), es gibt zu viele Mäuse im Haus, den Fahrern mangelt es an Sicherheit, der Fluglinie mangelt es an Geld (oder Flugzeugen). Der klare Blick auf diese Kernprobleme war für mich ein wichtiger Schritt zu einem besseren Verständnis von Problemen und Lösungen im Allgemeinen. Heute besteht eine Hauptfunktion dieser Liste darin, eine Filterung der Lösungsstrategien zu ermöglichen, also für ein bestimmtes Problem genau jene Lösungen zu identifizieren, die potenziell hilfreich sind, während alle anderen beiseitegelassen werden. Wir werden uns damit in Kapitel 3.3 beschäftigen.

Die Begriffe der zweiten und vierten Spalte, also jene, die den Schritt in die abstrakte Formulierung machen, waren zu diesem Zeitpunkt nur ein erster Wurf. Ich sammelte weiterhin Beispiele und fügte sie der Tabelle hinzu. Bald kam der Punkt, an dem ich das erste Mal für eine weitere konkrete Problemlösung die Liste nicht um einen neuen abstrakten Begriff erweitern musste, sondern die neue Idee als zweites Beispiel einem bestehenden abstrakten Begriff zuordnen konnte.

Sehen Sie sich hierfür bitte die weiter oben genannten Beispiele Vogelscheuche, Flugsimulator und Panzerattrappe an: Wenn auch die konkreten Beispiele aus völlig unterschiedlichen Bereichen kommen, handeln die Lösungsansätze, einmal sauber abstrakt formuliert, vom selben: Aufgrund von zu hohem Aufwand wird ein Ding (Vorgang) durch etwas ersetzt, das in Bezug auf bestimmte Funktionen (optische Wirkung auf Vögel bzw. Feinde, Übung für Piloten) weitgehend dasselbe bietet, aber nicht das echte Ding (Vorgang) ist und damit weniger Aufwand mit sich bringt. Nachdem ich mich von der sinnhaften Nähe dieser Beispiele überzeugt hatte, versuchte ich also, zu einer Formulierung zu kommen, die auf alle drei Fälle zutrifft, und also die Zeilen zu einer zusammen zu führen. Der Ansatz, der mit diesen drei Beispielen begann, ist heute als „Virtualisierung, Simulation oder Attrappe einsetzen" in der Liste der MikaSolv Lösungsstrategien zu finden. Mit dem Hinzukommen immer weiterer Beispiele präzisierten sich die abstrakten Begriffe für die Lösungen – und in gleicher Weise jene für die Probleme. Veranlasst durch neu hinzukommende Beispiele wurden auch im Folgenden abstrakte Begriffe weiter oder enger gefasst, in manchen Fällen geteilt oder mit anderen zusammen gefügt. Allmählich entstanden so eine Lösungs- und eine Problemklassifikation, die neue Beispiele ohne Adaption aufnehmen konnte.

In diesem Kapitel habe ich dargestellt, wie aus einer Sammlung von Beispielen die Liste der Lösungsstrategien (Spalte zwei) und die der Problemtypen (Spalte vier) empirisch entstanden sind. Mit beiden Listen werden wir uns im Kapitel 3 noch eingehend beschäftigen.

2.3 Entwicklungsschritte von der Theorie zur Praxis

In den darauf folgenden Jahren wuchs die Methode langsam zu dem heran, was sie heute ist. Anfangs arbeitete ich mit herkömmlicher Bürosoftware an der oben beschriebenen Liste. Bald nahm die Komplexität zu; aus der eingangs beschriebenen Zusammenstellung entwickelten sich eine eigene Tabelle der Lösungsstrategien (mit gut 50 Einträgen), die Tabelle der Problemtypen (gut 30 Einträge), eine Sammlung der Beispiele für beide (etwa 180 Probleme und etwa ebenso viele Lösungen), Gruppen für alles Genannte sowie die Tabelle der „Anwendbarkeitsindikatoren" – Angaben über die Zusammenhänge zwischen einzelnen Elementen innerhalb der Problemtypen und Lösungsstrategien, die eine Filterung bei der Anwendung ermöglichen sollten. All das erforderte die Entwicklung einer eigenen **Software**, die neben den benötigten Backend-Funktionen auch ein Frontend für Problemeingabe und -lösung bietet.

Im Laufe der weiteren Arbeit stieß ich immer wieder auf Personen an Universitätsinstituten oder in der Innovationsberatung, die mit ihrem Fachbereich meinem Forschungsfeld nahe stehen; von ihnen bekam ich wertvolle Anregungen. Als ich der Meinung war, etwas Handfestes präsentieren zu können, stellte ich einen ersten Vortrag zusammen. Bei der TRIZ Konferenz im April 2011, beim Partner Meeting des Innovation Service Network im Februar 2012 in Graz und beim Quartalstreffen der Gesellschaft für Kreativität im Mai 2012 in Mainz fand ich fachkundiges, interessiertes Publikum und noch mehr wichtiges Feedback.

Zu diesem Zeitpunkt war MikaSolv in erster Linie ein Forschungsprojekt, und so kam neben viel Bestätigung und Unterstützung wiederholt der Rat, neben umfangreicher Theorie mehr praktische Anwendbarkeit zu bieten. Dem folgend entstand in den darauf folgenden Monaten aus der Sammlung der abstrakt formulierten Problemlösungen – meiner Spalte zwei von damals – ein **Prototyp der Lösungskarten**, die ihr Gesicht bis heute noch einige Male verändern sollten.

Zum ersten offiziellen Einsatz kamen die Lösungskarten im Mai 2012 in Graz, als ich gemeinsam mit den Herren des Instituts für Innovations- und Trendforschung die Methode erstmals einer **wissenschaftlichen**

Überprüfung unterzog. Der zum Versuchsaufbau gehörende einstündige Intensivkurs war für mich die erste Gelegenheit, eine Gruppe von Personen in der Anwendung meiner Methode zu trainieren. Mehr Raum hierfür – nämlich ein Tag – bot sich, als ich Anfang September 2012 die Möglichkeit bekam, für eine Handvoll meiner Kollegen bei bwin.party ein **Training** über **systematisches Problemlösen mit MikaSolv** zu geben. Dem ersten Versuch in Graz folgte im November 2012 ein zweiter mit mehr Teilnehmern; Aufbau, Ablauf und die Ergebnisse beider Versuche werden wir in Kapitel 4 noch ausführlich behandeln.

Problemlösen mit MikaSolv 3

3.1 Allgemeines zum MikaSolv Problemlöse-Pfad

Den Prozess der Problemlösung mittels Abstraktion und seine Darstellung in den vier Feldern lernte ich im Zusammenhang mit TRIZ kennen, er gilt in dieser allgemeinen Form jedoch für viele andere systematische Methoden.

Am Beginn steht eine Problemstellung in konkreter Form, in Abbildung 2 ist dies das Feld links unten. Es gibt Situationen, in denen die konkrete Lösung des vorliegenden, konkreten „Problems" bekannt und unmittelbar zugänglich ist. Ist dies der Fall, kann man laut Hussy (1998) von einer Aufgabe sprechen, da die zum Lösen des Problems im engeren Sinne erforderliche Denkleistung sich auf ein Durchlaufen eines kognitiven Handlungsmusters – durch einen Algorithmus vorgegebenen – reduziert. Ist dies nicht der Fall und das Wissen um eine brauchbare konkrete Lösung durch die Barriere verstellt, hilft der Umweg über die abstrakte Ebene.

Die horizontale Mittellinie in Abbildung 2 trennt die Felder der konkreten (unten) von denen der abstrakten Ebene, die hier der Clou beim Umgehen der Barriere sind. Die vertikale Mittellinie nimmt die Trennung in eine Problem- (links) und Lösungsphase vor, wie wir sie bereits in Kapitel 1.3 besprochen haben.

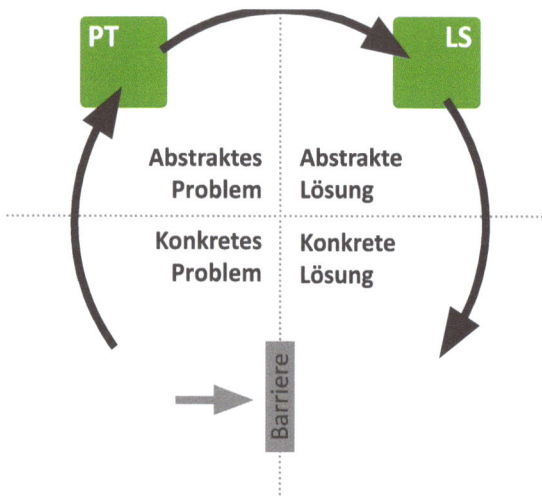

Abbildung 2: Umgehen der Barriere durch Abstraktion

MikaSolv bietet dem kreativen Problemlöser einen konsequenten Ablauf von Problemverständnis und -formulierung bis zu Lösungsfindung und -auswahl. Dabei folgen wir dem in Abbildung 2 beschriebenen Pfad, was angesichts seiner allgemeinen Gültigkeit nicht überraschen wird. In jedem der Felder gehen wir mit MikaSolv jedoch in die Tiefe und bringen eigene Schritte, Inhalte und Werkzeuge zur Anwendung, die die Methode ausmachen. Diese sollen im Folgenden kurz, und in den kommenden Kapiteln ausführlicher beschrieben werden.

Die praktische Anwendung von MikaSolv kann zum Beispiel in einem Setup stattfinden, in dem eine Person umfassenden **Einblick in das vorliegende Problem** hat und eine zweite Person **routinierter MikaSolv Anwender** ist. Letztere würde Rahmen und Ablauf vorgeben sowie anhand der Karten gezielte Fragen stellen, erstere könnte diese qualifiziert beantworten und auch die Anwendbarkeit so entstehender Lösungsansätze einschätzen, denn gute Kenntnis der Elemente der Problemsituation erhöht die Wahrscheinlichkeit, zu einer Lösung zu kommen (Marks, 1951).

3.1 Allgemeines zum MikaSolv Problemlöse-Pfad

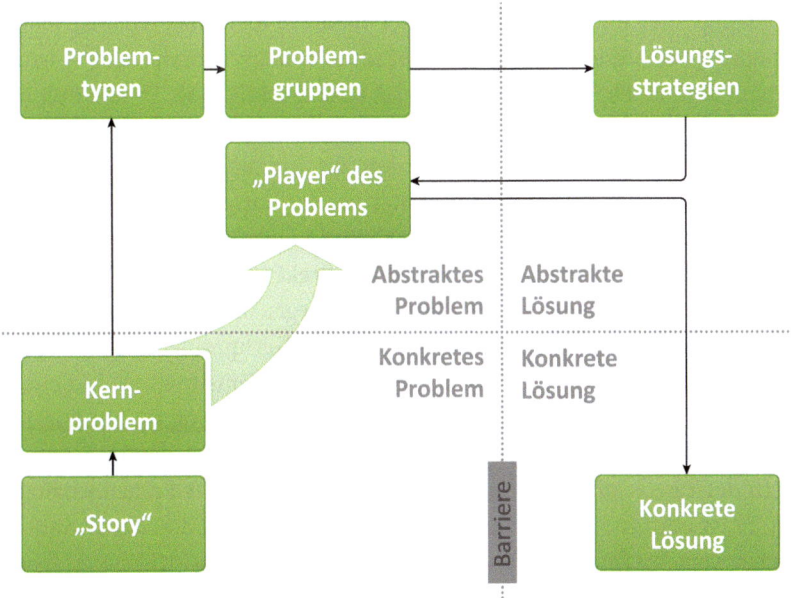

Abbildung 3: Der MikaSolv Problemlösungsprozess

Nebenbei bemerkt ist diese Anforderung einer relativ klaren Sicht auf das Problem auch ein praktischer Grund, warum MikaSolv für psychologische Probleme nicht geeignet ist.

Genau genommen erfordert die Problembearbeitung mit MikaSolv *mindestens* einen Problemkenner und *mindestens* einen Methodenpraktiker. Das heißt: Es kann auch eine Gruppe von Problemkundigen bei der Lösungsfindung zusammenwirken oder im Sonderfall eine einzelne Person für ein eigenes Problem beide Rollen übernehmen.

Bleiben wir beim Beispiel einer Zweiersitzung: Der Problemkenner arbeitet mit dem Methodenpraktiker, dabei durchlaufen die beiden die folgenden Schritte: Ausgehend von der „Story" des Problemkundigen – der Problembeschreibung in unstrukturierter Roh- und Langfassung, wie sie uns im Alltag begegnet – wird der Methodenpraktiker im Dialog mit dem

Problemkenner ein Kernproblem oder mehrere identifizieren. Für jedes Kernproblem – die vereinfachte konkrete Problemformulierung – wird sodann der passende Problemtyp in der Liste der MikaSolv Problemtypen gefunden. Mithilfe dieser Einordnung können vom Methodenpraktiker jene Lösungsansätze identifiziert werden, die angesichts des vorliegenden Problems potenziell hilfreich sind (Filterung der Karten). Die Auswahl der Lösungsstrategien wird im nächsten Schritt in Form von gezielten Fragen auf die Problemstellung, unter Umständen direkt auf die „Player" des Problems angewandt. Diese können Personen, Gegenstände und Tätigkeiten sein und ergeben sich aus der Formulierung des Kernproblems. Die Fragen beziehen sich in jedem Fall auf Aspekte der Problemsituation, in denen Lösungen liegen könnten. (Beispiele für Lösungsstrategien und insbesondere auch für zugehörige Fragen finden Sie im Anhang in Kapitel 5.1.)

In der Praxis stößt man hierbei auf das Dilemma der Fragengenauigkeit: Fragt man zu vage, ist viel Raum für Kreativität und die Ideen können in viele verschiedene Richtungen gehen – andererseits wird der Problemkenner durch die Frage nicht gerade nahe an eine Lösung heran geführt. Fragt man hingegen sehr spezifisch, gibt man eine ganz bestimmte Denkrichtung vor und lässt kaum Raum für Kreativität übrig – es wird der Problemkenner durch die Frage jedoch sehr nahe an eine Lösung seines Problems heran geführt. Unspezifische Fragen zu stellen kann etwa auch bedeuten, die Lösungsstrategien erst gar nicht auf die Player des Problems anzuwenden.

Die gestellte Frage – die Kombination aus Lösungsstrategie und Player – führt den Problemkenner so nahe an mögliche konkrete Lösungen heran, wie es die abstrakte Form ermöglicht. Der Problemkundige kann dank seines Problem-Wissens für jeden Ansatz unmittelbar einschätzen, ob dieser möglicherweise zielführend ist („Klingelt da was?"), und wie dieser ausgestaltet sein muss, sodass er Erfolg verspricht.

Die Lösungsstrategien des Methodenpraktikers sind also keine Problemlösungen; zu diesen werden sie erst dadurch, dass sie in den Kontext eines realen, konkreten Problems gesetzt und von jemandem, der das Problem kennt, verstanden und angewandt werden. Erstens *kann* das der Methodenpraktiker nicht, weil er das Problem nicht gut genug kennt.

3.1 Allgemeines zum MikaSolv Problemlöse-Pfad

Zweitens *sollte* er nicht, weil die Lösung dann vom anderen – „not invented here" – nicht angenommen wird.

Durch die Ideen generierenden Antworten des Problemkenners auf die Fragen des Methodenpraktikers findet somit eine Individualisierung statt: Die entstehenden Lösungen sind nicht mehr abstrakte Begriffe in einem Katalog, es sind konkrete, maßgeschneiderte und vorausgewählte Lösungsideen für das vorliegende Problem. Diese werden notiert und zu einem späteren Zeitpunkt gruppiert, priorisiert und weiter verfolgt.

Während der Problemkenner in erster Linie über das zu bearbeitende Problem Bescheid wissen muss, sind an den Schlüsselpunkten dieses Prozesses spezifische Fähigkeiten des Methodenpraktikers gefordert. Diese Schlüsselpunkte bzw. Fähigkeiten sind erstens das **Erkennen des Kernproblems** in einer „Problemstory", zweitens das **Identifizieren des Problemtyps** für ein Kernproblem, drittens das **Filtern der Lösungsstrategien**, und viertens die **Interpretation der Lösungsstrategien** auf ein vorliegendes Problem hin – also das Formulieren der richtigen Fragen. Der erst- und der letztgenannte Punkt sind dabei die mit Abstand größte Herausforderung. Spezifische Übungen in meinem Training zielen darauf ab, die hier genannten Fähigkeiten zu entwickeln und zu fördern.

Die Vorteile der Methode, die ein ernsthafter, routinierter Anwender aus der oben genannten Anwendung gewinnt, sind erstens eine sichere Grundleistung von Lösungsideen unabhängig von Stimmung und Tagesverfassung, zweitens ein wesentlich breiteres Spektrum von Lösungen, nicht eingeschränkt von persönlichen Interessensgebieten oder Denkrichtungen, drittens Lösungen, die als kreativer und brauchbarer bewertet werden als jene, die ohne diese Methode zu Stande kommen und viertens mehr Lösungen bei kürzerer Bearbeitungszeit – Belege hierfür finden Sie in Kapitel 4.4. Dies ist deshalb möglich, weil an die Stelle der offenen Lösungssuche („Blick in den blauen Himmel") die Auswahl und Anwendung passender Lösungen aus einer überschaubaren, bewährten Liste tritt. Auf diese Weise wird das Suchproblem zum Auswahlproblem.

Wie bereits oben angemerkt beziehen sich die nun folgenden Kapitel auf die einzelnen Schritte des hier vorgestellten Prozesses.

3.2 Schritt eins: Das Kernproblem erkennen

Im beruflichen Alltag kommen Informationen über Probleme zumeist nicht in Form einer sauberen Problemdefinition, sondern als ungeordnete, unklare „Geschichte" auf einen zu. Im ersten Schritt wird deshalb die alltägliche Problemdarstellung, die in unstrukturierter Roh- und Langfassung und möglicherweise nur mündlich vorliegt, in eine kurze, treffende Beschreibung des Kernproblems zusammengefasst. Im selben Zuge werden die wichtigsten Elemente des identifizierten Kernproblems – die Player – benannt, notiert und für die spätere Lösungsfindung bereitgehalten. Bei komplexeren Problemen kommt es zuweilen vor, dass sie zwei oder mehr Kernprobleme in sich bergen, die dann nacheinander oder in getrennten Personengruppen parallel zu bearbeiten sind. Es liegt die besondere Herausforderung darin zu erkennen, welche Aspekte einer gegebenen Problembeschreibung das eigentliche Problem darstellen, und welche Aspekte als nebensächlich zu behandeln sind. Diese Problemanalyse und -vereinfachung ist eine entscheidende Fähigkeit, gilt als hervorragendes Merkmal für Kreativität und ist in hohem Maß mitentscheidend für den Erfolg eines Problemlösungsprozesses (Parmerter/Garber, 1971). Erfahrungsgemäß ist das radikale Kürzen und Vereinfachen einer Problembeschreibung bis auf das Funktionsprinzip insbesondere für jene Personen schwierig, die selbst vom Sachverhalt betroffen sind oder darin eine Rolle spielen.

Mit einem sauberen Kernproblem zu starten ist deshalb so wichtig, weil dies das Fundament für die gesamte folgende Lösungsfindung ist. In diesem Sinne beschreibt auch Schlicksupp die Wichtigkeit, vereinfachend zum Kern eines Problems vorzudringen, indem er vor einer Überdefinierung und einem „Zuviel an Anforderungen" warnt: „Als Folge der ‚Überdefinierung' reduziert sich der Lösungsspielraum so stark, dass bedingt durch die geringe Findewahrscheinlichkeit (‚Trefferquote') der Ideenfluss z. B. einer Problemlösungsgruppe gegen Null geht." (1977, Seite 46) Als Beispiel hierfür schildert er folgende Begebenheit: „In einem Werk fielen bei der Herstellung von Zylinderkopfdichtungen große Mengen an Ausschnittmaterial an, und zwar in der Form von Ronden, kleinen Platten und Leisten. Da dieser Abfall einen hohen Wert verkörperte, suchte man

3.2 Schritt eins: Das Kernproblem erkennen

nach lohnenden Weiterverwendungsmöglichkeiten. Lange Zeit ging man bei der Lösungsfindung davon aus, dass die Grundstoffe des Materials nicht regenerativ wiedergewonnen werden könnten. Man suchte deshalb ohne großen Erfolg nach Einsatzmöglichkeiten von Ronden, Platten und Leisten." (Schlicksupp, 1977, Seite 49)

In meinen Trainings bin ich auf ein weiteres brauchbares Beispiel zu diesem Thema gestoßen. In einer zu Übungszwecken bewusst reich an Nebensächlichkeiten geschilderten „Problemgeschichte" wird beschrieben, dass jemand bestimmte Informationen nicht von seinem Arbeitskollegen zur Verfügung gestellt bekommt (vgl. 7.2 im Anhang). Die Übung besteht darin, in der ausführlichen Beschreibung den relevanten Sachverhalt zu erkennen und zu formulieren. Für den Lösungsspielraum macht es einen großen Unterschied, ob das Kernproblem hier „Ich bekomme von diesem Kollegen die Information nicht zur Verfügung gestellt" oder „Ich habe die Information nicht zur Verfügung" lautet. Ersteres wird nur nach weiteren Möglichkeiten suchen, den Kollegen zur Bekanntgabe zu bewegen; letzteres wird nach neuen Wegen suchen, die Information irgendwo her zu beschaffen.

In einem Aspekt verlässt man bereits in diesem Schritt den subjektiven Standpunkt: Die Formulierung dessen, was das Kernproblem ist, ist so funktionell und knapp, dass sie auch objektiv ist: Ganz egal ob die eine, die andere oder keine der Figuren im Problem-Setup mich darstellt, es wird dabei **immer dieselbe funktionell-knappe Formulierung** entstehen. In einem anderen Aspekt hat die Perspektive des Subjekts aber klare Auswirkungen: Das nämlich, was überhaupt als Problem formuliert wird, wird dadurch bedingt, auf welcher Seite ich stehe, was mein Plan und was mein Ziel ist.

Ganz generell stehen Problem und Ziel in engem Zusammenhang; wie eingangs beschrieben besteht ein Problem für eine Person oder Gruppe dann, wenn eines ihrer Ziele momentan nicht erreicht wird (vgl. Kapitel 1.1). „Als Problem wird im weitesten Sinne jede Bedrohung der Existenz oder der Überlebensfähigkeit eines soziotechnischen Systems verstanden. Im engeren Sinne bedeutet dies eine Gefährdung des Systemzwecks, welche aus einer unzureichenden Erfüllung von Ansprüchen der Anspruchsgruppen resultiert." (Primus, 2003, Seite 79)

Objektive Probleme sind in der Praxis genauso wenig anzutreffen wie allgemein gültige Ziele. Vielmehr sind Probleme wie Ziele durch die jeweilige Perspektive bedingt und also subjektiv. Wer kein Ziel hat, der hat auch kein Problem.

Aus den genannten Gründen spielt eine entscheidende Rolle und muss von Beginn an klar sein, **für wen und aus wessen Sicht** das Problem beschrieben wird. Schließlich kann abhängig davon derselbe Sachverhalt (zBsp. die Entlassung von Mitarbeitern, oder eine kriegerische Handlung) das Problem oder aber die Lösung sein, und von verschiedenen Personen mit unterschiedlichen Zielsetzungen wird ein und dieselbe Situation einmal als Problem, einmal als Lösung, und einmal als irrelevant eingestuft.

Wie man zum Kernproblem kommt

Wir haben uns damit befasst, wie wichtig und wie schwierig es ist, zu einer einfachen, treffenden Problembeschreibung zu kommen. Nun wenden wir uns der Frage zu, auf welche Weise man zu dieser findet. Auch wenn es, wie beschrieben, bei dieser Reduktion aufs Wesentliche in hohem Maße auf Analysefähigkeit und Intuition des Problemlösers ankommt, möchte ich hier zwei Leitfäden vorstellen, die bei dieser Aufgabe Orientierung geben und den Einstieg erleichtern: Erstens eine Folge von Fragen und Checks, die von der Problemgeschichte über das „verletzte Ziel" zum Kernproblem führt. Zweitens eine Liste von sechs Punkten, die gegebenenfalls darauf hindeuten, dass man das Kernproblem noch nicht gefunden hat.

Ausgehend von der Problemgeschichte stellen wir uns die Frage, *warum* wir etwas geändert haben wollen. (Nicht *was* wir geändert haben wollen.) Die Antwort auf diese Frage ist als allgemeiner Wert oder allgemeine Zielsetzung zu formulieren. Sie ist etwas, das aus unserer Perspektive gut und erstrebenswert ist – und deren Verletzung also unser Problem darstellt. Die Antwort auf diese Frage ist unser **Kandidat für die verletzte Zielsetzung**, die einen wichtigen Zwischenschritt darstellt. Es ist allerdings noch eine Kontrollfrage notwendig, denn es könnte ja sein, dass uns da, wo wir eine Zielsetzung vermuten, lediglich eine Maßnahme vorliegt, die einer

3.2 Schritt eins: Das Kernproblem erkennen

echten Zielsetzung dient. Es ist daher an dieser Stelle die Kontrollfrage zu stellen, ob die Antwort von oben nun eine einem anderen Zweck dienende Maßnahme ist, oder eine Zielsetzung. (Die Grenzen zwischen den beiden Begriffen sind freilich fließend.) Haben wir eine Maßnahme ausgemacht, fragen wir uns, was die Zielsetzung dahinter ist.

Ist das verletzte Ziel gefunden, gilt es zu klären, *wie* die Zielsetzung verletzt wurde. Die Art und Weise der Verletzung, die als Antwort zurückkommt, ist unser **Kandidat für das Kernproblem**. Es ist allerdings noch eine Kontrollfrage notwendig: Beschreibt diese Antwort voll und ganz die Ursache der Zielverletzung? Im Falle einer Generalisierung oder der Beschreibung eines einzelnen Falls wäre dies nicht gegeben. Eine Generalisierung würde Punkte mit einschließen, die nicht zum Problem beitragen; ein einzelner Fall wäre ein Beispiel neben anderen, die er nicht mit abdeckt. Um zum Kernproblem zu gelangen, müssen wir im Falle einer Generalisierung konkreter werden und die Formulierung einschränken. Im Falle eines einzelnen Beispiels müssen wir anderes auch mit abdecken, und die Beschreibung weiter fassen.

Beispiel:

In einer Abteilung eines Betriebs wird Unmut darüber laut, dass die regelmäßigen Kooperationsmeetings mit einer anderen Abteilung „überhaupt nicht funktionieren". Da die regelmäßigen Kooperationsmeetings für einige Personen wichtig sind, sind sie unser Kandidat für die verletzte Zielsetzung. Wir stellen jedoch die Frage, ob diese möglicherweise eine Maßnahme sind, die einem anderen Zweck dient, und werden rasch erkennen, dass keinem Menschen an dem Meeting per se gelegen ist, sondern an einer funktionierenden Zusammenarbeit mit der anderen Abteilung. Diese ist unsere verletzte Zielsetzung.

Wie wird diese – die funktionierende Zusammenarbeit mit der anderen Abteilung – nun verletzt?
Auf diese Frage hin geben manche betroffenen Kollegen an, dass Mitarbeiter der anderen Abteilung die wöchentlichen Berichte über das

ABC-Projekt niemals rechtzeitig zur Verfügung stellen. Andere Kollegen halten es für einen Fehler, überhaupt mit dieser Abteilung zusammen zu arbeiten.

Die wichtigen Projektberichte erkennen wir umgehend als einen Einzelfall, der nur ein Beispiel neben anderen, hier ungenannten, sein kann. Den Unmut darüber, dass wir „überhaupt mit dieser Abteilung zusammen arbeiten", verstehen wir als Generalisierung, die in ihrer Weite auch Bereiche einschließt, die überhaupt nicht problematisch sind.

Im weiteren Gespräch mit betroffenen Kollegen könnte man nun herausfinden, dass sich die meisten Beschwerden um verschiedene Aspekte des ABC-Projekts drehen, während im BCD-Projekt alles zufriedenstellend zu laufen scheint. Die Formulierung des Kernproblems pendelt sich also zwischen den beiden vorliegenden Kandidaten ein und könnte lauten: „Die Zusammenarbeit mit der anderen Abteilung im Rahmen des ABC-Projekts funktioniert nicht zufriedenstellend." Damit haben wir unser Kernproblem vorliegen; nun folgende Gespräche mit den Mitarbeitern der anderen Abteilung könnten unter Umständen gar Gründe für diese Situation ans Licht bringen.

Wie man falsche Kernprobleme findet: Gründe, warum etwas kein Kernproblem ist

Die folgenden sechs Checks sind dann anzuwenden, wenn man der Meinung ist, ein Kernproblem gefunden zu haben. Sie helfen dabei, Beschreibungen zu identifizieren, die nicht als Kernproblem gelten dürfen, und verhindern somit, dass die weitere Lösungsfindung auf untauglichem Fundament steht.

Ist für den vorliegenden Kernproblem-Entwurf auch nur einer der folgenden Sätze positiv zu beantworten, kann der Entwurf nicht als Kernproblem bestätigt werden. Mit Hilfe der Folgefragen sollte weiter geforscht werden.

- Es ist kein unmittelbarer Schaden entstanden. (Folgefrage: Wodurch ist der Schaden entstanden?)
- Es ist zu allgemein, oder nur ein Teilbereich. (Folgefrage: Welche Problembeschreibung bezieht alle relevanten „Player" mit ein?)

3.2 Schritt eins: Das Kernproblem erkennen

- Es ist eine Annahme. (Folgefrage: Worüber haben wir gesichertes Wissen?)
- Es ist eine versteckte Lösung. (Folgefrage: Was hätte die beschriebene Lösung verhindert?)
- Es ist irreversibel. (Folgefrage: Worauf habe ich jetzt noch Einfluss?)
- Es ist eine Aufgabe. (Folgefrage: Wofür ist die Herangehensweise nicht klar?)

Damit die folgenden Beispiele für Sie Sinn ergeben, lesen Sie bitte die Problemgeschichten im Anhang (Kapitel 5.2). Auf diese beziehen sich die in der Folge verwendeten Kernproblem-Kandidaten, die allesamt meinen Trainings und Übungen entstammen.

Beispiele:
Man könnte es für den Kern des Problems halten, dass
- Stephen nicht erreichbar ist, oder dass er die Information nicht zur Verfügung stellt. Dass dies nicht so ist, offenbart der Check „kein unmittelbarer Schaden entstanden".
- die Hacker zu ihrer Tat überhaupt motiviert waren, die Webhosting-Kunden jetzt zu anderen Anbietern abwandern werden, oder die beiden Städte im Süden nicht geschützt werden können. Dass dies nicht so ist, offenbart der Check „zu allgemein, oder nur ein Teilbereich".
- Stephen mich nicht mag, er die Information gar nicht hat, der Feind einfach zu stark ist oder die NASAMS-Software zu anfällig ist. Dass dies nicht so ist, offenbart der Check „eine Annahme".
- die Server nicht gut genug geschützt sind oder wir keinen Plan haben, die F-345 abzuwehren. Dass dies nicht so ist, offenbart der Check „versteckte Lösung".
- ich mir mit dem Mercury-Projekt zu viel vorgenommen habe, oder dass die Information über den Defekt des NASAMS Systems überhaupt zum Feind gelangt ist. Dass dies nicht so ist, offenbart der Check „irreversibel".

- der Schaden, der durch den Softwarefehler am NASAMS-System und durch die Hacker am Webserver entstanden ist, jetzt mühsam repariert werden muss. Dass dies nicht so ist, offenbart der Check „Aufgabe".

Auch wenn hier jedes Beispiel nur einmal verwendet wurde, kommt es häufig vor, dass ein Kernproblem-Kandidat in mehreren Kategorien „aufschlägt". Beispielsweise könnte sich etwas bei der Prüfung als eine einen Teilbereich betreffende Annahme herausstellen.

Die ersten zwei unserer Kontrollfragen zielen darauf ab, die richtige Stufe zu finden: Während der Check „kein unmittelbarer Schaden" Gegebenheiten identifiziert, die zwar problematisch, aber für den hier Betroffenen nicht lösbar sind (vgl. Beispiele oben), will „nur ein Teilbereich" Problemformulierungen identifizieren, die einen Aspekt neben anderen oder eben ein Symptom einer größeren Angelegenheit erfassen. Im letzteren Fall müsste die Frage lauten: Was ist das Problem hinter diesem Symptom? Im ersteren dem gegenüber: Wie wird diese größere Gegebenheit für mich konkret zum Problem?

Wird im hier besprochenen ersten Schritt das Kernproblem zu weit gefasst, zu eng gefasst oder gänzlich verfehlt, stimmen das *eigentlich gemeinte* und das *definierte* Problem nicht überein, was Auswirkungen auf den gesamten weiteren Prozess der Problemlösung hat. Es wird dann bestenfalls das definierte Problem gelöst, aber nicht jenes, an dem uns gelegen ist.

3.3 Schritt zwei: Problemtypen und -gruppen erkennen

In den vorhergehenden Kapiteln (insbesondere 1.1 und 3.2) haben wir uns damit befasst, was einen Sachverhalt zum Problem macht: der Umstand nämlich, dass er dem Betroffenen die Erreichung eines Zieles verwehrt. Im Folgenden soll es nun darum gehen, *in welcher Form* uns problematische Sachverhalte begegnen.

3.3 Schritt zwei: Problemtypen und -gruppen erkennen

Rufen Sie sich bitte die abstrakten Problembeschreibungen der Spalte vier aus Kapitel 2.2 ins Gedächtnis. Für jede Problemlösung, die ich gesammelt hatte, habe ich mich auch gefragt, welches Problem sie denn löst. Genau wie auf der Lösungsseite, in Spalte zwei, fiel mir hier auf, dass viele konkrete Problem-Beispiele zu einer überschaubaren Zahl von abstrakten Problem-Formulierungen führen. Dies war mir ein erster Ansatz für eine allgemeine Auflistung von Problemtypen. Und noch eine Sache war auf der abstrakten Ebene nicht zu übersehen: Ungeachtet dessen, worum es bei dem Problem ging, immer bestand die Schwierigkeit darin, dass von etwas zu viel oder zu wenig da war, und nie konnte ein Problem damit beschrieben werden, dass etwas genau in der richtigen Menge vorhanden war. Jedenfalls für die Überschuss-Seite passt hier das bekannte Paracelsus-Zitat: „Alle Dinge sind Gift, und nichts ist ohne Gift. Allein die Dosis macht, dass ein Ding kein Gift ist."

Nicht nur die Systematik von Mangel- und Überschussausprägung, auch die Antwort, was denn nun mangelt oder zu viel ist, ergab sich aus der überschaubaren Zahl abstrakter Problem-Formulierungen in meiner Spalte vier von damals.

Während die Spielarten, Variationen und Zusammenhänge, in denen uns Probleme in der Praxis begegnen, vielfältig und kaum überschaubar sind, lässt sich das, worum es in den Problemen eigentlich geht, auf die immer wiederkehrenden Begriffe der Problemtypen-Liste zurückführen.

Die Funktionen der Problemtypen-Liste sind die folgenden:
- **Identifizieren des Kernproblems in einer „Story":** Die Liste kann uns helfen, für eine vorliegende, noch unstrukturierte Problembeschreibung das Kernproblem zu identifizieren. Dazu sind die Problemtypen durchzugehen und die Überlegung oder Diskussion auf jene von ihnen einzugrenzen, die als Kernproblem der „Story" in Frage kommen. Die Beschreibung des Kernproblems ist dabei nicht mit dem Wortlaut des Problemtyps gleichzusetzen: Erstere umfasst einen ganzen Satz und kann unter anderem Namen der Personen und Bezeichnungen der Dinge, um die es geht, einschließen, letzterer lautet zBsp. „Mangel an Überwachung und Einblick"

Tabelle 2: Die Liste der Problemtypen in drei Gruppen

Gruppe 1: Eigenschaft Mangel oder Überschuss an…	Gruppe 2: Beziehung Mangel oder Überschuss an…	Gruppe 3: Transfer Mangel oder Überschuss an…
– Bewegung und Schnelligkeit – Motivation und Bereitschaft – Präsenz, Wachstum und Größe – Stabilität	– Anforderung und Aufwand – Attraktivität und Nachfrage – Homogenität, Konsens, Kooperation – Leistung und Wirkung – Nähe – Transfer (Information, Dinge, Wert) – Überwachung und Einblick – Zugang, Zugriff und Kontrolle	– Informations-Transfer und Kommunikation – Leistung und Wirkung – Substanz-Transfer – Wert-Transfer

- **Identifizieren der Probleme einer Situation:** Ist es – zBsp. im Zuge eines Teamworkshops – das Ziel, für eine vorliegende Situation zuerst einmal Probleme zu identifizieren, um zu einer einheitlichen Sichtweise, einer Priorisierung und schließlich zu Lösungen zu gelangen, kann können die Problemtypen als Checkliste dienen. Dazu sind diese auch hier durchzugehen und für jeden von ihnen die Frage zu stellen: „Klingt das nach etwas, womit wir es zu tun haben?"
- **Neuer Weg, Probleme zu betrachten:** Wer mit der Liste der Problemtypen vertraut ist, hat diese fortdauernd gültigen Problem-Grundformen im Hinterkopf und abrufbereit. Er wird folglich angesichts einer ihm im Alltag begegnenden Problemgeschichte schneller und klarer erkennen können, was genau das Problem ist.
- **Einordnung eines (Kern-) Problem zwecks dann folgender Filterung:** Damit wären wir beim Hauptnutzen der Problemtypenliste im Sinne des oben dargestellten MikaSolv Problemlöse-Prozesses angelangt.

Um zum passenden Problemtyp zu kommen, stellt man sich die Frage, worum es beim vorliegenden (Kern-) Problem denn geht, wie sich der vorgefundene IST-Zustand zum gewünschten SOLL-Zustand verhält. Die vorliegende Klassifikation ermöglicht es sodann, das Problem „in der Sprache der Methode" zu formulieren. Dies ist die Voraussetzung dafür, dass über die Problemgruppen genau jene Lösungsstrategien gefiltert werden können, die für die Lösung des vorliegenden Problems – definiert durch den Problemtyp – nützlich und anwendbar sind. Damit sind wir beim Thema des nächsten Kapitels angekommen.

3.4 Schritt drei: Passende Lösungsstrategien auswählen

Jede Lösungsstrategie ist einer der folgenden acht Gruppen zugeteilt. Die ersten sechs beinhalten Paare und Gegenspieler jeweils innerhalb einer Kategorie (jew. Erhöhung und Reduktion). Lösungsstrategien, die keiner der ersten sechs Gruppen zuzuordnen sind, finden sich als „Sonstige" in der siebten Gruppe. Während nun die Gruppen eins bis sieben auf die Problem-Player angewendet werden, bezieht sich die letzte Gruppe auf das Problem selbst. Dazu später mehr; im Folgenden finden Sie die acht Gruppen, mit jeweils einer zugehörigen Lösungsstrategie als Beispiel.

- Gruppe 1: Erhöhung von Nähe und Kontakt (zBsp. Koppeln und koordinieren),
- Gruppe 2: Reduktion von Nähe und Kontakt (zBsp. Filter oder Barriere hinzufügen),
- Gruppe 3: Erhöhung von Handlungsfähigkeit und Leistung (zBsp. Bereitstellend vorbereiten),
- Gruppe 4: Reduktion von Handlungsfähigkeit und Leistung (zBsp. Ablenkung einsetzen),
- Gruppe 5: Erhöhung von Transparenz und Einblick (zBsp. Falschinformation reduzieren),
- Gruppe 6: Reduktion von Transparenz und Einblick (zBsp. Überreizen, überfluten),
- Gruppe A: Allgemeine Lösungsstrategien (zBsp. Zentralisieren, sammeln) und

- Gruppe P: Lösungsstrategien „auf der Problemebene" (zBsp. Die Ursachen hervorheben)

Die Zuordnung zu einer Gruppe ergibt sich aus der Bedeutung der Lösungsstrategie, es ist die Antwort auf die Frage, worauf die Lösungsstrategie abzielt und was sie bewirkt. (Ausnahme hierbei ist die letzte Gruppe, diese werden wir in Kapitel 3.5 besprechen.) Während die allgemeinen Lösungsstrategien und diejenigen „auf der Problemebene" für jedes Problem zum Einsatz kommen, ist die Anwendung von Lösungsstrategien aus den ersten sechs Gruppen naturgemäß für manche Problemstellungen sinnvoll, für andere aber nicht. Ziel ist es, die Aufmerksamkeit des Anwenders über die jeweiligen Gruppen auf jene Lösungsstrategien zu richten, die angesichts des vorliegenden Problemtyps als besonders vielversprechend einzustufen sind. Dazu ist in Tabelle 3, Tabelle 4 und Tabelle 5 für jeden Problemtyp eine Empfehlung zu finden, welche Lösungsstrategie-Gruppen vorrangig zur Anwendung kommen sollten. (Diese Empfehlungen sind eine vereinfachende Weiterentwicklung der im Kapitel 2.3 erwähnten Anwendbarkeitsindikatoren.)

Problemtypen-Gruppe 1: Eigenschaft

Tabelle 3: Zusammenhang von Problemtypen und Lösungsstrategie-Gruppen, Teil „Eigenschaft"

Richtung		Nähe, Kontakt		Handlungs-, Leistungsfähigkeit		Transparenz, Einblick	
		+	-	+	-	+	-
Mangel an	Bewegung und Schnelligkeit	-	-	✓	-	-	-
Überschuss an		-	-	-	✓	-	-
Mangel an	Motivation und Bereitschaft	✓	-	✓	-	✓	-
Überschuss an		-	✓	-	✓	-	✓
Mangel an	Präsenz, Wachstum und Größe	✓	-	✓	-	-	-
Überschuss an		-	✓	-	✓	-	-
Mangel an	Stabilität	-	-	✓	-	-	-
Überschuss an		-	-	-	✓	-	-

Problemtypen-Gruppe 2: Beziehung

Tabelle 4: Zusammenhang von Problemtypen und Lösungsstrategie-Gruppen, Teil „Beziehung"

Richtung		Nähe, Kontakt +	Nähe, Kontakt -	Handlungs-, Leistungsfähigkeit +	Handlungs-, Leistungsfähigkeit -	Transparenz, Einblick +	Transparenz, Einblick -
Mangel an	Anforderung und Aufwand	✓	-	-	-	✓	-
Überschuss an		-	✓	✓	-	✓	✓
Mangel an	Attraktivität und Nachfrage	✓	-	✓	-	✓	-
Überschuss an		-	✓	-	✓	-	✓
Mangel an	Homogenität, Konsens, Kooperation	✓	-	✓	-	✓	-
Überschuss an		-	✓	-	✓	-	✓
Mangel an	Nähe	✓	-	✓	-	✓	-
Überschuss an		-	✓	-	✓	-	✓
Mangel an	Überwachung und Einblick	✓	-	✓	-	✓	-
Überschuss an		-	✓	-	✓	-	✓
Mangel an	Zugang, Zugriff und Kontrolle	✓	-	✓	-	✓	-
Überschuss an		-	✓	-	✓	-	✓

3.4 Schritt drei: Passende Lösungsstrategien auswählen

Problemtypen-Gruppe 3: Transfer

Tabelle 5: Zusammenhang von Problemtypen und Lösungsstrategie-Gruppen, Teil „Transfer"

Richtung		Nähe, Kontakt		Handlungs-, Leistungsfähigkeit		Transparenz, Einblick	
		+	−	+	−	+	−
Mangel an	Informations-Transfer und Kommunikation	✓	−	✓	−	✓	−
Überschuss an		−	✓	−	✓	−	✓
Mangel an	Leistung und Wirkung	✓	−	✓	−	✓	−
Überschuss an		−	✓	−	✓	−	✓
Mangel an	Substanz-Transfer	✓	−	✓	−	✓	−
Überschuss an		−	✓	−	✓	−	✓
Mangel an	Wert-Transfer	✓	−	✓	−	✓	−
Überschuss an		−	✓	−	✓	−	✓

Die Tabellen geben an, wo Übereinstimmung herrscht zwischen der Zielsetzung eines Problemtyps und der Wirkungsrichtung von Lösungsstrategien. Nur wenn eine Lösungsstrategie bzw. eine Gruppe von ihnen das zu bieten hat (Wirkungsrichtung), was die Problemstellung erfordert, sollten sie für die Bearbeitung letzterer zum Einsatz kommen.

Beispiel:
Wenn ich ein Problem habe, das man mit einem Mangel an Zugang, Zugriff und Kontrolle umschreiben kann, dann können mir etwa Lösungsstrategien helfen, die auf eine Erhöhung von Nähe und Kontakt (zwischen mir und dem betreffenden Objekt) oder auf eine Erhöhung der Handlungsfähigkeit und Leistung (meinerseits beim Erlangen von

mehr Zugang etc.) abzielen. Dem gegenüber werden Lösungsstrategien, die auf eine Verringerung von Nähe und Kontakt oder auf eine Verringerung von Transparenz und Einblick abzielen, nicht hilfreich oder gar kontraproduktiv sein.

In den Tabellen ist eine weitgehende Regelmäßigkeit zu erkennen. Im Sinne einer Faustregel kann gesagt werden:
- Bei einer „Mangel an" Problemstellung kommen die „Erhöhung von" Lösungsstrategie-Gruppen zum Einsatz.
- Bei einer „Überschuss an" Problemstellung kommen die „Reduktion von" Lösungsstrategie-Gruppen zum Einsatz.
- Von den drei Kategorien „**Nähe, Kontakt**", „**Handlung, Leistung**" und „**Transparenz, Einblick**" beantwortet die zweitgenannte grundlegende Fragen wie „Wie kann ich selbst leistungsfähiger werden?" oder „Wie kann ich die Leistung meines Gegenspielers schwächen?", bietet damit den unmittelbarsten Nutzen und sollte bei einem Schnelldurchlauf bevorzugt zum Einsatz kommen.

Stellenweise Bedeutungs-Überschneidungen zwischen einzelnen Problemtypen kann ich nicht ausschließen. Es ist daher denkbar, dass der Anwender gelegentlich unschlüssig zwischen zwei Problemtypen steht. In diesen Fällen empfehle ich zu vergleichen: Welche Lösungsstrategie-Gruppen sind für den ersten Problemtyp angeführt, welche für den zweiten? Sind diese nicht ohnehin dieselben, ist es das Beste, alle für den einen oder den anderen Problemtyp genannten Lösungsstrategie-Gruppen einzubeziehen.

Da es ab sofort ganz praktisch um die Anwendung der Lösungskarten geht, werde ich im Folgenden die Begriffe Lösungsstrategie, Lösungskarte und Karte synonym verwenden. Dies macht deshalb Sinn, weil immer eine Lösungsstrategie auf einer Karte Platz findet.

Zurück zum Ablauf: Haben wir also für ein Problem jene Lösungsstrategie-Gruppen, denen wir besondere Aufmerksamkeit schenken sollten, identifiziert, sortieren wir nun die Karten anhand der aufgedruckten Gruppenangabe. Meine Empfehlung ist es, die Karten der **Gruppen eins**

3.4 Schritt drei: Passende Lösungsstrategien auswählen

bis sechs nach der Angabe in der Tabelle in bevorzugte und nicht bevorzugte zu sortieren. Aus den **Gruppen A** (Allgemein) und **P** („Problemebene") machen Sie je einen eigenen Stapel. Sie sind nun bereit, die Mika-Solv Lösungsstrategien auf das vorliegende Problem anzuwenden, und darum wird es im folgenden Kapitel 3.5 gehen.

Inwieweit sich die Bearbeitung durch das Filtern und Sortieren vereinfacht, sehen Sie an folgenden Zahlen: Wie wir gesehen haben, empfehlen viele der „Mangel an…" Problemtypen die Karten der Gruppen 1, 3 und 5. In diesem Fall können Sie nur die 9 Karten der Gruppen 2, 4 und 6 außen vor lassen. Etwas dünner wird der Stapel bei einer „Überschuss an…" Problemstellung: Hier behalten Sie die Gruppen 2, 4 und 6 und können die 22 Karten der Gruppen 1, 3 und 5 beiseitelegen.

Im Zusammenhang mit der Filterung spreche ich eher von einem bevorzugten als von einem ausschließlichen Einsatz, eher von einer nachrangigen Verwendung als von einem Aussortieren. Grund dafür ist, dass Problemtypen und Lösungsstrategien im Einzelfall Bedeutungen einschließen können, die der bestehenden Klassifizierung entgegenlaufen.

> **Beispiel:**
> Obwohl die Karte „Gegenmittel oder -spieler einsetzen" im Sinne des Erfinders nach Maßnahmen fragt, die eine Handlung stören oder einen Gegner schwächen, brachte sie im Rahmen unseres Laborversuchs in Graz eine Gruppe auf die Idee, einen gemeinsamen Feind zu finden und somit den Zusammenhalt der Personen, um die es ging, zu unterstützen.

Die Einordnung der Lösungsstrategien in ihre Gruppen und die Zuordnung von Lösungsstrategie-Gruppen zu den Problemtypen ist folglich als eine bestmögliche Annäherung zu verstehen. Für die praktische Anwendung ist es wichtig, vor diesem Hintergrund das **Dilemma der Filterung** zu erkennen:
- Ist Vollständigkeit wichtig, nehmen Sie sich für alle Karten genug Zeit und setzen Sie die Filterung allenfalls im Sinne einer Priorisierung ein.

Sie werden im Idealfall nichts übersehen, aber mehr Zeit brauchen und immer wieder auf Karten stoßen, die Ihnen gar nichts nützen.
- Sind rasche Ergebnisse wichtig, lassen Sie laut Tabelle drei oder vier der ersten sechs Gruppen beiseite, und verzichten Sie eventuell auch noch auf die elf Karten aus der allgemeinen Gruppe. Sie werden schneller fertig sein und viele relevante Karten vorfinden, aber sie können nie wissen, worauf Sie die anderen Karten noch gebracht hätten.

3.5 Schritt vier: Lösungsstrategien auf das Problem anwenden

In diesem Kapitel geht es um die Liste der Lösungsstrategien, die das Herzstück der MikaSolv Methode bildet. Aus Gründen der Lesbarkeit finden Sie in diesem Kapitel nur einzelne Beispiele, die volle Liste einschließlich der zugehörigen Fragen und der weiter unten angesprochenen Brückentexte ist Teil des Anhangs.

Lassen Sie mich das Bisherige zusammenfassen: In der Problem-Story erkennen wir durch geschickte Fragen das Kernproblem, das wir lösen wollen, und dann den passenden Problemtyp. Vielleicht schon im Kernproblem, sicher aber anhand des Problemtyps wird uns das Ziel, das das Problem verlangt, klar – zBsp. eine *Erhöhung von Transparenz und Einblick*. Mithilfe der Matrix, die uns die Zusammenhänge zwischen Problemtypen und Lösungsstrategie-Gruppen zeigt (Kapitel 3.4), identifizieren wir von letzteren jene, die für die Lösung des Problems und die Erreichung unseres Ziels hilfreich sein können. Genau genommen ist der Sinn der Arbeit mit dem Problem also der, das angestrebte Ziel zu erkennen.

An dieser Stelle möchte ich auf einen Spezialfall – einen Quereinstieg in den MikaSolv Problemlösungsprozess – hinweisen: Es kann in Beratung und Coaching Anwendungsfälle geben, in denen das zu erreichende Ziel klar ist, das zugrunde liegende Problem aber entweder wenig interessiert oder bewusst ausgeklammert wird. Auch hier können die Karten zur Anwendung kommen; ihre Filterung ergibt sich aus dem Abgleich zwischen den Lösungsstrategie-Gruppen und dem vorliegenden Arbeitsziel.

3.5 Schritt vier: Lösungsstrategien auf das Problem anwenden

Nun zurück zum Standardablauf: Wie bereits erwähnt werden die Lösungsstrategien abhängig von ihrer Gruppe entweder auf das Problem (Gruppe P) oder auf seine Akteure (Gruppen 1-6 und A) angewandt.

- Für die Letztgenannten gilt es, eine **Anwendung auf die** eventuell vorab identifizierten **Player innerhalb des Problems** zu finden. Diese können, wie erwähnt, Personen, genauso aber Gegenstände oder Handlungen sein – alles, was im vorliegenden Problem eine wichtige Rolle spielt. Es liegt ganz bei Ihnen, ob Sie die Player nun in einer Liste anführen und für jede Lösungskarte systematisch durchgehen oder anhand der Lösungskarte einfach sehen, was Ihnen einfällt.
- In der Gruppe „Problemebene" treffen Sie auf jene Lösungsstrategien, die aufgrund ihrer Bedeutung nicht auf Player im Problem, sondern **auf das Problem selbst** anzuwenden sind.

Beispiele:
Ich kann für eine *Person* ein Vorbild einsetzen (Gruppe 3), ich kann einer *Sache* eine Markierung hinzufügen (Gruppe 5) und ich kann eine *Tätigkeit* zeitlich verschieben (Gruppe A). Ich kann die Bedingungen des vorliegenden *Problems* ändern (Gruppe P) und von Referenzen lernen, wie sie ein vergleichbares *Problem* gelöst haben (Gruppe P).

Vielleicht macht es auch für Sie Sinn, bei der Anwendung in einem Denkmodus zu bleiben und nicht zwischen Problem- und Playerebene zu springen. In diesem Fall wären insbesondere die Karten der letzten Gruppe „P" als ein Block durchzugehen. Darüber hinaus gibt es nichts weiter zu beachten, da sich die Notwendigkeit, Karten der letzten Gruppe *auf der Problemebene anzuwenden*, aus dem Wesen der jeweiligen Lösungsstrategie ableitet.

Kühner Wunsch und langfristiges Entwicklungsziel ist es, dass routinierte Anwender in Zukunft ganz ohne Karten oder Software arbeiten: Die Zuordnung des Themas auf einen Problemtyp, die Identifikation der geeigneten Lösungsstrategie-Gruppen und schließlich das Erinnern aller Lösungsstrategien innerhalb dieser Gruppen wäre zwar mit hohem Lern- und Übungsaufwand verbunden, aber kein Ding der Unmöglichkeit.

Schließlich wäre es, für andere nicht erkennbar, ein erstklassiger Trumpf etwa in Verhandlungen, Verkaufs- oder Konfliktgesprächen.

Vorerst aber zurück zu Inhalt und Einsatz der Karten. Spätestens dann, wenn Sie in der Anwendung über zwei oder drei Karten zur gleichen Lösung kommen, werden Sie merken, dass die Bedeutungen der Lösungsstrategien sich an manchen Stellen überlappen. So ist „Zentralisieren, sammeln" und „Dezentralisieren, streuen" beides ein Spezialfall von „Örtlich verschieben". „Markierung, Indikator, Hinweis hinzufügen" ist eine Maßnahme von „Offen legen, Transparenz schaffen" genau wie „Markierung, Indikator, Hinweis entfernen" eine Maßnahme von „Verschleiern, tarnen, Intransparenz schaffen" ist. „Mit ‚Single Point of Contact' verbinden" ist schließlich gewissermaßen ein spezieller Fall von „Koppeln und koordinieren". Die hier genannten Teilaspekte oder Spezialfälle haben sich während der Methodenentwicklung als bei Problemlösungen besonders relevant und anwendbar erwiesen, sodass eine separate Nennung sinnvoll erschien. Je nachdem, auf welche Detailebene Sie der Lösungseinfall trifft, kann dieser also von mehr als einer Karte abgedeckt sein.

Während der vorhergehende Absatz beschreibt, wie mehrere Lösungsstrategien zu ein und derselben konkreten Lösung führen können, möchte ich im Folgenden auch auf die Umkehrung hiervon eingehen: Dass eine Lösungsstrategie den Anwender zu mehreren konkreten Lösungen führt, kann sich in der sorgfältigen Arbeit mit MikaSolv von selbst ergeben, aber auch bewusst herbeigeführt werden. Ausgehend von der bereits erwähnten Praxis, eine Lösungsstrategie konsequent auf jeden einzelnen Player anzuwenden, können Sie fortsetzen und den Lösungsansatz auf die verschiedenen *Ebenen eines Players* beziehen. Ausgehend vom aktuell betrachteten Aspekt fragen Sie sich dann

- erstens, wie Sie auf darunter liegende Ebenen, zum Kleineren und Konkreteren wechseln, wie sie Details oder Teilaspekte betrachten können.
- Zweitens fragen Sie sich, ob dieser Gang auch in die andere Richtung funktionieren kann.

3.5 Schritt vier: Lösungsstrategien auf das Problem anwenden

Beispiele:
Für einen Staat „Synergiepartner einsetzen" kann heißen, Zusammenarbeit zwischen diesem und anderen Staaten zu fördern. Auf eine andere Ebene wechselnd kann dieses Näherrücken aber auch durch die Etablierung von Städte- und Gemeindepartnerschaften geschehen. „Niedriger zielen" auf sportliche Betätigung bezogen kann bedeuten, weniger oft Trainingseinheiten zu absolvieren. Es kann aber genauso bedeuten, die Anzahl der Wiederholungen je Trainingseinheit zu verringern. In Zusammenhang mit einem Marathontraining ein „Vorbild einzusetzen" kann bedeuten, dass man sich ganz allgemein an einem erfolgreichen Marathonläufer orientiert (Buch lesen, Poster aufhängen). Es kann aber auch heißen, dass man sich für die Dauer der Veranstaltung einen schnelleren Läufer als *Pace Maker* wählt und versucht, sein Tempo zu halten.

Da neben dem Wortlaut der Lösungsstrategien oft weitere Denkanstöße förderlich sind, sei an dieser Stelle auf die „Brückentexte" hingewiesen (siehe Anhang, Kapitel 5.1). Diese wollen die Brücke schlagen zwischen den notwendigerweise oft knapp formulierten Karten und der Bedeutungsvielfalt der Denkansätze, für die sie stehen. Da das aufmerksame Lesen aller Brückentexte Zeit braucht und den kreativen Fluss sicherlich unterbrechen würde, sind diese in erster Linie als Schulungsmaterial gedacht, das der interessierte Anwender nach und nach verinnerlichen wird.

Die von der Methode am Ende gelieferten Denkansätze haben den Zweck, den Anwender möglichst nahe an echte Lösungen heranzuführen. Sein Aufwand für Adaption und Interpretation dieser Ansätze wird dabei möglichst gering gehalten. Dem Ziel der Methode, Lösungen in der Praxis möglichst nahe zu kommen, kann am besten durch eine „synthetische Herstellung" nach deren Vorbild entsprochen werden. Hierfür war es im ersten Schritt notwendig zu erkennen, dass für die Formulierung einer Lösung im einfachsten Fall ein Verb und ein Objekt von Nöten sind: Das Verb beschreibt die problemlösende Handlung und das Objekt stellt fest, worauf sich die Handlung richtet. Im Duo Lösungsstrategie und Player finden Sie nicht zufällig diese beiden Elemente wieder. Ihre Herkunft, ihre Entwicklungsgeschichte und ihren Platz im Gesamtprozess kennen

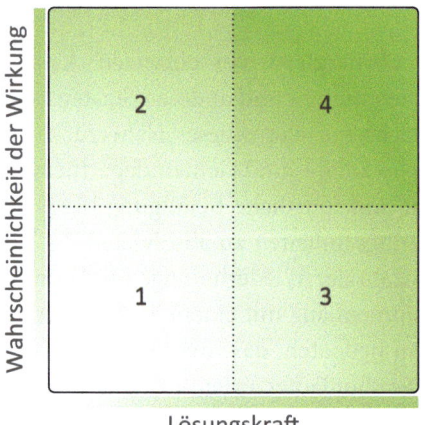

Abbildung 4: Vier Kategorien von Lösungen

Sie nun bereits. Bitte beachten Sie, dass die hier gemachten Feststellungen und die gleich folgenden Beispiele sich auf die Lösungsstrategie-Gruppen eins bis sechs sowie die allgemeine Gruppe beziehen; für die Gruppe „Problemebene" trifft dasselbe zu, wenn Sie nur an Stelle des *Players* die *Problemstellung selbst* einsetzen.

Beispiel 1:

Im Niederländisch-Portugiesischen Krieg (1624 bis 1661) suchten die Widersacher nach Wegen, den anderen in seinen seefahrerischen Möglichkeiten einzuschränken. Die Niederländer brachten es fertig, dem Gegner gefälschte Seekarten an Bord zu schmuggeln, und so das eine oder andere Schiff in die Irre zu führen. Die hier genannte Lösung lässt sich mit „den portugiesischen Seefahrern Falschinformation hinzufügen" in allgemeiner Form auf den Punkt bringen.

Beispiel 2:

US-Amerikanische Ärzte sehen sich von gerichtlichen Klagen unzufriedener Patienten bedroht. Sie halten sich daher penibel an geltende Standards und Vorgaben, um im Falle einer solchen Klage ein

3.5 Schritt vier: Lösungsstrategien auf das Problem anwenden

Maximum an Sicherheit zu haben. Die hier genannte Lösung lässt sich mit „die Brustoperation standardisieren" in allgemeiner Form auf den Punkt bringen.

Beispiel 3:
Für die Alliierten war es während des Zweiten Weltkrieges von entscheidender Bedeutung, Ort und Zeit der Normandie-Invasion geheim zu halten, jedoch sehr schwierig, eine Unternehmung dieser Größenordnung zu verstecken. Statt über Ort und Zeit der echten Invasion allzu viel Stillschweigen zu bewahren, überluden die Alliierten die von deutschen Spionen überwachten Kanäle mit zufälligen Ort- und Zeitangaben in großer Zahl, worin die eine wahre Angabe untergehen musste. Die hier genannte Lösung lässt sich mit „die deutschen Spione überfluten" in allgemeiner Form auf den Punkt bringen.

Falschinformation hinzufügen, standardisieren, überfluten ist eins zu eins der Liste der MikaSolv Lösungsstrategien entnommen; die Portugiesen, die Brustoperation und die Spione sind dabei die problemspezifischen „Player".

Damit, dass die „synthetischen Lösungen" auf das vorliegende Problem angewandt werden und den Problemlöser auf neue Ideen bringen, endet die Methode. Wahrscheinlich werden Sie sich Ihre Ideen notieren, und sie im Anschluss nach Potenzial, Kosten, Machbarkeit etc. sortieren oder reihen. Möglicherweise werden Ideen darunter sein, deren Details Sie zuerst recherchieren müssen, für deren Umsetzung Sie auf andere Personen angewiesen sind, oder die sich in ihrer Realisierung gegenseitig ausschließen.

Bei meiner Durchsicht von eigenen, mit MikaSolv entstandenen Problemlösungen fiel mir auf, dass diese unter anderem anhand von zwei Merkmalen unterschieden werden können. Nicht, um weitere Vorschläge für die Sortierung oder Reihung einmal gefundener Lösungen zu machen, sondern um herauszuarbeiten, worauf bereits bei der Suche unser Fokus liegen sollte, möchte ich auf diese Merkmale im Folgenden kurz eingehen. Erstens hat jede Lösung eine bestimmte **Lösungskraft**: Bei geringer Lösungskraft leistet sie einen Beitrag zur Verbesserung der Situation, bei hoher Lösungskraft löst sie das Problem voraussichtlich final. Zweitens hat jede Lösung eine bestimmte **Wahrscheinlichkeit der Wirkung**: Bei geringer Ausprägung wird der Lösungsversuch wohl eher ohne Effekt bleiben, bei hoher Ausprägung kann davon ausgegangen werden, dass sie greift. Gehen wir der Einfachheit halber von jeweils zwei Ausprägungen – hoch und niedrig – aus, ergeben sich vier Grundtypen von Lösungen.

- **Typ 1:** Ein Beitrag zur Verbesserung, der funktionieren könnte
- **Typ 2:** Ein Beitrag zur Verbesserung, der funktionieren wird
- **Typ 3:** Eine Komplettlösung, die funktionieren könnte
- **Typ 4:** Eine Komplettlösung, die funktionieren wird

Während die Wahrscheinlichkeit der Wirkung einzelner Lösungsstrategien in hohem Maß von der vorliegenden Problemsituation abhängt, kann beobachtet werden, dass manche Lösungsstrategien aufgrund ihres Wesens regelmäßig als Verbesserungsbeitrag, andere regelmäßig als Komplettlösung auftreten: Während der Einsatz eines Vorbilds oder die Änderung der Verantwortlichkeit eher unterstützende Maßnahmen sind, hat die Anwendung eines Gegenmittels oder die örtliche Trennung Potenzial, das Blatt zu wenden.

Empirische Überprüfung durch die IITF-Studie 4

4.1 Allgemeine Anmerkungen

Zielsetzung der Studie war es, die Anwendbarkeit und den Wirkungsgrad der Methode MikaSolv mit wissenschaftlichen Mitteln zu überprüfen. Dazu wurde in zwei Laborversuchen – „Kottulinsky" im Mai und „Meduni" im November 2012 – die Leistungsfähigkeit einer mittels Methoden-Crashkurs geschulten Gruppe mit der Leistungsfähigkeit einer nicht speziell geschulten Gruppe vergleichen. Diese Untersuchung wurde durch die Österreichische Forschungsförderungsgesellschaft (FFG) gefördert und mit dem Grazer Institut für Innovations- und Trendforschung (IITF) durchgeführt. Die Bewertung der Ergebnisse erfolgte im Mai wie auch im November durch eine dreiköpfige Expertenjury, die die anonymisierten Lösungsideen in den Kategorien *Kreativität* und *Brauchbarkeit* bewerteten. Dies erfolgte durch Vergabe von 0 (nicht brauchbar bzw. nicht kreativ) bis 4 Punkten (sehr brauchbar bzw. sehr kreativ). Zu beiden Durchläufen sind Anweisungstexte und Aufgabenstellungen im Anhang zu finden.

4.2 Teil eins: „Kottulinsky"

Der erste Laborversuch fand am 5. Mai 2012 im Rahmen des Kurses Ideenmanagement des Master-Studiengangs für HR Management der *Uni For Life* in Palais Kottulinsky in Graz statt. Die 14 Versuchsteilnehmer wurden von uns Versuchsleitern mit Hilfe eines Excel-Tools derart eingeteilt, dass die zwei gleich großen Gruppen hinsichtlich Altersdurchschnitt und Männeranteil nahezu ident waren: Gruppe 1 hatte einen Alters-Mittelwert von 37,14 Jahren, Gruppe zwei von 37,0 Jahren. Beide Gruppen hatten mit jew. zwei Männern einen Männeranteil von knapp 29 %. Dass Gruppe 1 mit MikaSolv arbeiten wird, wurde von den Versuchsleitern durch Zufall, nämlich Münzwurf, festgelegt. Nach einem Informationsteil begann die Bearbeitung der beiden Problemstellungen. Der zeitliche Rahmen, der für beide Gruppen galt, ließ die Studenten 20 Minuten lang an der Problemstellung „Regierung" arbeiten, unmittelbar im Anschluss daran 30 Minuten lang an der Problemstellung „Brötchen" (die jeweils erst nach Abschluss der ersten Aufgabe bekannt gegeben wurde). Beide Gruppen teilten sich für die Problembearbeitung in ein Vierer- und ein Dreierteam auf; die Versuchsleiter stellten als Preis für jedes Mitglied der Siegergruppe ein bestimmtes Buch in Aussicht. Die Jury für den Durchlauf „Kottulinsky" setzte sich zusammen aus **Dipl.-Designer Achim Schmidt** (Kreativitäts- und Visualisierungscoach, Graz), **Dr. Rudolf Dömötör** (Unternehmensberater, Klosterneuburg) und **Dr. Roland Winkler** (Innovationsberater, Graz).

4.3 Teil zwei: „Meduni"

Der zweite Laborversuch fand am 5. und am 23. November statt, mit vier Klassen des Kurses Wissensmanagement des Studiengangs Gesundheits- und Pflegewissenschaften an der Medizinischen Universität Graz. Die Zuteilung, welche zwei Klassen mit der Methode arbeiten und welche zwei als Vergleichsgruppe fungieren, wurde in Hinblick auf die praktischen Umstände, nämlich Kursleiter und Kurstermine, getroffen. Aus den vier

4.3 Teil zwei: „Meduni"

Klassen mit insgesamt 55 Personen wurden für die Problembearbeitung 12 Teams gebildet, die jeweils aus drei bis fünf Personen (Mittelwert: 4,6 Personen) bestanden. Die Einteilung in die Teams war für die Studenten frei, Voraussetzung war jedoch, dass je Klasse drei Teams etwa gleicher Größe zu Stande kommen.

Die zwei Klassen, also sechs Teams der Gruppe „MikaSolv" umfassten 30 Personen mit einem Durchschnittsalter von 26,7 Jahren und einem durchschnittlichen Männeranteil von 13,3 % in den Teams. Die zwei Klassen, also sechs Teams der Vergleichsgruppe bestanden aus 25 Personen mit einem Durchschnittsalter von 22,1. Auch hier lag der durchschnittliche Männeranteil je Team bei 13,3 %. Es gab die Überlegung, diese durch die Klassengröße vorgegebene Ungleichheit der Personenzahl durch Ausschluss oder Aufstockung zu korrigieren; wir kamen aber zu dem Schluss, dass die Gesamtzahl der Teams (6 Teams je Gruppe) weit mehr Einfluss haben wird als die An- oder Abwesenheit eines vierten oder fünften Teammitglieds im einen oder anderen Team. Die zu bearbeitenden Problemstellungen wurden diesmal bewusst so gewählt, dass sie inhaltlich zum Studienfach der Teilnehmer passen. Wir gaben drei Problemstellungen zur Bearbeitung vor, wobei für jede 20 Minuten Zeit zur Verfügung stand. Die Bearbeitung erfolgte sequenziell, da die Teams, wie auch schon im ersten Versuch im Mai, die jeweils nächste Aufgabenstellung erst nach dem Zeitablauf der vorhergehenden bekamen. Vor dem Start der Problembearbeitung gab es in allen vier Klassen einen Übungsdurchlauf, gefolgt von einer kurzen Besprechung der Ergebnisse. Als Belohnung für die leistungsstärksten Teams wurde die Anrechnung von Mitarbeitspunkten vereinbart. Da Dr. Roland Winkler hier als Kursleiter in den Ablauf involviert war, kam er beim zweiten Versuch als Jurymitglied nicht mehr in Frage. An seine Stelle trat **Diana Resch** (Radiologietechnologin, Wien), die als Expertin für krankenhausinterne Abläufe auch die fachspezifischen Problemstellungen lieferte.

4.4 Ergebnisse der Studie

In der Auswertung interessierte uns neben den Kategorien Kreativität und Brauchbarkeit auch die Anzahl der je Gruppe entstandenen Ideen: insgesamt sowie nach Ausschluss jener, die als unbrauchbar zu klassifizieren sind. Eine Lösungsidee gilt dann als brauchbar, wenn zumindest zwei der drei Juroren bei ihrer Bewertung in der Kategorie Brauchbarkeit einen Wert von 1 oder höher vergeben haben.

Tabelle 6: Ergebnisse des Versuchs 1 „Kottulinsky"

Versuch 1, Kottulinsky	MikaSolv	Vergleichs-gruppe	MikaSolv vs. VG
Anzahl alle	102	95	107,37 %
Anzahl brauchbar	97	91	106,59 %
Anzahl nicht brauchbar	5	4	
Anteil nicht brauchbar	4,90 %	4,21 %	
Summe Punkte Kreativität	254,33	219,67	115,78 %
Summe Punkte Brauchbarkeit	216,33	192,67	112,28 %
Leistung Kreativität + Brauchbarkeit	470,67	412,33	114,15 %

Die Summe der mit MikaSolv entstandenen Ideen liegt mit 102 leicht über der Vergleichszahl von 95. Davon galten auf Seiten MikaSolv 97 als brauchbar, bei der Vergleichsgruppe waren es 91. Im Prozentwert für den Ausschuss liegen die beiden Gruppen damit in etwa gleich auf. Die Aufsummierung der durchschnittlichen Kreativitäts-Bewertungen aller von der MikaSolv Gruppe gelieferter Lösungen ergibt einen Wert, der knapp 16 % über dem der Vergleichsgruppe liegt; die Aufsummierung der durchschnittlichen Brauchbarkeits-Bewertungen auf Seiten der MikaSolv Gruppe liegt gut 12 % über der der Vergleichsgruppe. Betrachtet man die Leistungen in puncto Kreativität und Brauchbarkeit in Summe, liegt die

4.4 Ergebnisse der Studie

MikaSolv Gruppe mit einem Wert von gut 470 gut 14 % über der Leistung der Vergleichsgruppe.
Der Beitrag der MikaSolv Gruppe zu den Top 5 % (9 Ideen) war 55,6 %. Ihr Beitrag zu den Top 25 % (49 Ideen) war 42,9 %, zu den Top 50 % (98 Ideen) war 57,1 %.

Tabelle 7: Ergebnisse des Versuchs 2 „Meduni"

Versuch 2, Meduni	MikaSolv	Vergleichs-gruppe	MikaSolv vs. VG
Anzahl alle	399	309	129,13 %
Anzahl brauchbar	376	308	122,08 %
Anzahl nicht brauchbar	23	1	
Anteil nicht brauchbar	5,76 %	0,32 %	
Summe Punkte Kreativität	851,67	732,33	116,29 %
Summe Punkte Brauchbarkeit	810,00	684,00	118,42 %
Leistung Kreativität + Brauchbarkeit	1661,67	1416,33	117,32 %

Hier liegt die Summe der mit MikaSolv entstandenen Ideen mit 399 deutlich über der Vergleichszahl von 309. Der Blick auf die hiervon als brauchbar eingestuften Ideen zeigt einen geringeren, aber mit gut 22 % noch immer beachtlichen Vorsprung. An diesem Punkt ist zu unterstreichen, dass es sich hier – im Gegensatz zur entsprechenden Zahl aus dem Mai-Durchlauf – nicht um eine Anzahl einzelner Lösungen handelt. Viel mehr ist damit zu rechnen, dass verschiedene Lösungen in ähnlicher Form von mehreren Teams gefunden wurden. Eine dies betreffende Überarbeitung vor dem Versand an die Jury fand nur nach dem Durchlauf im Mai statt, und hier nur *innerhalb* der MikaSolv Gruppe und der Vergleichsgruppe.

Den Hauptbeitrag zu den knapp 6 % Ausschuss lieferte ein Team, das mit 14 unbrauchbaren von 62 erarbeiteten Ideen 22,6 % Ausschuss produzierte. Zur Veranschaulichung: Das Team mit dem zweithöchsten Ausschuss, auch Teil der MikaSolv Gruppe, kam mit 3 unbrauchbaren von 60 erarbeiteten Ideen auf nur 5 % Ausschuss. Die Aufsummierung der durchschnittlichen Kreativitäts-Bewertungen aller von der MikaSolv Gruppe gelieferter Lösungen ergibt einen Wert, der gut 16 % über dem der Vergleichsgruppe liegt. Die Aufsummierung der durchschnittlichen Brauchbarkeits-Bewertungen auf Seiten der MikaSolv Gruppe liegt gut 18 % über der der Vergleichsgruppe. Betrachtet man die Leistungen in puncto Kreativität und Brauchbarkeit in Summe, liegt die MikaSolv Gruppe mit ihrem Wert gut 17 % über der Leistung der Vergleichsgruppe.

Der Beitrag der MikaSolv Gruppe zu den Top 5 % (35 Ideen) war 54,3 %. Ihr Beitrag zu den Top 25 % (177 Ideen) war 49,7 %, zu den Top 50 % (354 Ideen) war 53,1 %.

4.5 Gedanken zu den Versuchen

Meine bisherige Erfahrung zeigt mir, dass MikaSolv besonders nach umfassendem Training und beständiger eigener Anwendung in das Denken des Anwenders übergeht und zum effektiven Werkzeug wird. Leider war im Mai wie auch im November aus organisatorischen Gründen nicht mehr als ein etwa einstündiger Crashkurs und vor der Problembearbeitung keine *individuelle* Übung der Teilnehmer möglich. Es wäre nicht verwunderlich gewesen, wenn die Teams nach dem kurzen, intensiven Erstkontakt mit dieser neuen Methode zuerst ein „Leistungstal" durchschritten hätten, bevor die positiven Effekte spür- und sichtbar werden. (Wenn auch ein Textcomputer einer Schreibmaschine in der Leistung überlegen ist, ist es denkbar, dass eine routinierte Schreibkraft am neuen Textcomputer schwächere Leistungen bringt als an ihrer gewohnten Schreibmaschine.) Außerdem hatte niemand im Versuch „Kottulinsky" und nur einzelne im Versuch „Meduni" praktische Kenntnis des Bereichs, dem die jeweiligen Problemstellungen entstammten. Insofern ist es zuallererst einmal überraschend, dass die mit MikaSolv arbeitenden Gruppen, die die Aufgabe mit einer für sie neuen, noch ungewohnten Methode zu lösen hatten,

4.5 Gedanken zu den Versuchen

überhaupt Leistungen auf dem Niveau der frei und routiniert arbeitenden Vergleichsgruppen erbrachten.

Zwischen dem Versuch im Mai und dem im November fallen zwei Leistungssteigerungen besonders auf: Brachte die MikaSolv Gruppe im Mai noch um 6,6 % mehr brauchbare Lösungen hervor, waren es im November 22,1 % mehr; lag die Gesamtleistung dieser Gruppe im Mai bei plus 14,2 %, waren es im November plus 17,3 %. Freilich können diese Ergebnisse viele Gründe haben; allerdings wurde in den Monaten zwischen den Versuchen sowohl die Methode selbst als auch das Training von mir vereinfacht und verbessert. War der Crashkurs im Mai noch eine einfache Zusammenstellung relevanter Inhalte, war die Einführung im November eine Kurzfassung des in der Zwischenzeit entwickelten und erprobten 1-Tages-Trainings.

Anhang 5

5.1 Volle Liste der Lösungsstrategien mit Brückentexten

Koppeln und koordinieren (Nummer 1, Gruppe 1)

Definition: Zwei Elemente funktionell verbinden, in Serie schalten, voneinander abhängig machen, zusammen arbeiten lassen
Fragen: Welche anderen Personen, Vorgänge etc. spielen bei meiner Zielerreichung eine wichtige Rolle, und wie kann ich mich mit ihnen abstimmen?
Beispiel: Bei Verspätung eines Zuges wartet der Anschlusszug.

Entkoppeln und nicht koordinieren (Nummer 2, Gruppe 2)

Definition: Zwei funktionell verbundene, abhängige Dinge trennen, voneinander unabhängig machen, getrennt arbeiten lassen
Fragen: Von welchen anderen Personen, Vorgängen etc. bin ich bei meiner Zielerreichung abhängig, von wem werde ich eingeschränkt, und wie kann ich mich aus dieser Abhängigkeit lösen?

Beispiel: Der Produktionsleiter richtet zwischen den Maschinen kleinere Lager als Puffer ein. Hat eine Maschine eine Panne oder wird gewartet, können die anderen mit diesem Lagerbestand vorerst weiterarbeiten.

Mit „Single Point of Contact" verbinden (Nummer 3, Gruppe 1)

Definition: Anstatt Kommunikation oder Zusammenarbeit mit vielen verschiedenen Stellen zu betreiben, wird ein einziger Kontaktpunkt (Multiplikator) genutzt, der für viele andere steht.
Fragen: Verliere ich Zeit und Energie durch die Kommunikation oder Zusammenarbeit mit vielen verschiedenen Stellen? Ist es möglich, diese durch einen einzigen oder einige wenige Kontaktpunkte zu ersetzen?
Beispiel: Key Accounter in einer Werbeagentur
Verbindungen: Ist ein Spezialfall von „Ersetzen oder verdrängen"

Filter oder Barriere hinzufügen (Nummer 4, Gruppe 2)

Definition: Ein Element, das nur Bestimmtes (Filter) durchlässt oder schwer oder gar nicht passierbar ist (Barriere), einsetzen
Fragen: Bin ich einer schädlichen Wirkung ausgesetzt? Sende ich ungewollt eine Wirkung nach außen? Findet irgendwo ein ungewollter Transfer statt? Was wäre als Filter oder Barriere geeignet, um das zu ändern?
Beispiele: Eine Aufnahmeprüfung. Die Vorzimmerdame, die nicht alle Besucher durchlässt. Die von Präsident Kennedy im Oktober 1962 befohlene Seeblockade gegen Kuba

Filter oder Barriere entfernen (Nummer 5, Gruppe 1)

Definition: Ein Element, das nur Bestimmtes (Filter) durchlässt oder schwer oder gar nicht passierbar ist (Barriere), entfernen

Fragen: Kommt an einer Stelle zu wenig Wirkung bei mir an? Kommt von mir zu wenig einer bestimmten Wirkung nach außen? Findet irgendwo kein oder zu wenig Transfer statt? Liegt das am Vorhandensein von Filtern oder Barrieren, die ich entfernen kann?

Beispiel: Freihandelsabkommen zwischen Staaten

Alle Teile gleich behandeln (Nummer 6, Gruppe 3)

Definition: Unterschiedlich behandelte Teile eines Ganzen identifizieren und diese bewusst gleichsetzen bzw. gleich behandeln

Fragen: Mache ich bei meinem Verhalten oder meinem Umgang mit unterschiedlichen Teilen oder Gruppen Unterschiede, die meine Zielerreichung erschweren? Kann ich mein Verhalten in diesem Sinne vereinheitlichen?

Beispiel: Einführung der Zentralmatura 2013/14 in Österreich

Verbindungen: Ist ein Anwendungsfall von „Festlegen, stabilisieren, standardisieren".

Teile unterschiedlich behandeln (Nummer 7, Gruppe 3)

Definition: Gleich behandelte, aber unterschiedliche Teile eines Ganzen identifizieren, und diese in der Folge unterschiedlich behandeln

Fragen: Ist es der Fall, dass ich in meinem Verhalten oder Umgang unterschiedliche Teile oder Gruppen „in einen Topf werfe", und dies meine Zielerreichung erschwert? Kann ich mein Verhalten in diesem Sinne vereinheitlichen?

Beispiele: Definition unterschiedlicher Kundensegmente. Leistungsgruppen in Schulen

Verbindungen: Ist ein Anwendungsfall von „Spezialisieren, fokussieren, priorisieren"

Nutzer oder Verwendungen hinzufügen (Nummer 8, Gruppe 3)

Definition: Gibt es bereits Nutzer oder Verwendungen, werden weitere gefunden. Gibt es noch keine Nutzer oder Verwendungen, sind erste zu finden. Einerseits kann man etwas jetzt auch auf eine andere Weise nutzen, andererseits auf die gleiche Weise später noch einmal (Recycling).
Frage: Gibt es etwas, das ich im Sinne meines Ziels von weiteren Nutzern oder auf andere Weise verwenden lassen kann? Für welche Personen, für welchen Zweck kann etwas, das ich habe, sonst noch Nutzen bringen?
Beispiele: Josephinischer Gemeindesarg oder „Klappsarg" im Österreich des 18. Jahrhunderts. Im Dezember 2012 hing in Dornbirn ein Werbeplakat, das groß einen gestickten Schriftzug zeigte: Der Schriftzug („Mohrenbräu") warb für eine Brauerei, der ihn umgebenden Text für einen Anbieter von (bestickter) Arbeitskleidung. Eine Stadtverwaltung will das Schwarzfahren eindämmen – statt Kontrollen und Strafen veranstaltet sie eine Lotterie, bei der die Fahrscheine als Lose zum Einsatz kommen. Die Kampagne „Achten Sie auf die Marke" des Österreichischen Verbands der Markenartikelindustrie wirbt mit dem selben Konzept für eine Reihe von Marken.

Nutzer oder Verwendungen entfernen (Nummer 9, Gruppe 3)

Definition: Nutzer oder Verwendungen werden in ihrer Zahl reduziert oder vollständig entfernt. Das kann auch bedeuten, dass etwas bewusst nur kurzzeitig, vorübergehend oder einmal verwendet wird.
Fragen: Gibt es etwas, das ich im Sinne meines Ziels von Nutzern oder Verwendungen befreien kann? Welche nutzenden Personen kann ich dies verwehren, für welchen Zweck nicht mehr zur Verfügung stellen?
Beispiele: Spiel- oder Wohnstraße, Fahrverbot „ausgenommen Anrainer". Um konzentriertes Arbeiten zu ermöglichen, zieht sich eine Person oder eine Gruppe zurück und geht in Klausur. Exklusive Nutzung: Um

die Verfügbarkeit sicher zu stellen, steht ein bestimmtes Besprechungszimmer nur noch einer Abteilung und nicht mehr allen Mitarbeitern zur Verfügung.
Verbindungen: Bedeutung ähnlich zu „Spezialisieren, fokussieren, priorisieren"

Vorhandene Ressourcen einsetzen (Nummer 10, Gruppe 3)

Definition: Nützliche Faktoren erkennen und für die Zielerreichung einsetzen. Diese Faktoren können unter anderem sein: Verfügbare Unterstützer und Hilfsmittel im Umfeld, vorhandene Kräfte, Verbündete, bestehende Motivation in der eigenen Person oder bei anderen
Fragen: Was von dem, das in meiner Umgebung zur Verfügung steht, kann mir bei meiner Zielerreichung helfen? Was habe ich bereits zur Verfügung? Welchen speziellen, persönlichen Vorteil habe ich, den ich zum Einsatz bringen kann?
Beispiele: Über ein Verkehrs-Info-System (Anzeigetafeln) bedient sich die Polizei in den USA der Mithilfe aller Autofahrer, wenn etwa nach einem Fahrzeug gefahndet wird: „Gesucht wird nach einem roten Honda mit dem Kennzeichen...". Der Staat schreibt die Jodierung des verkauften Speisesalzes vor (zBsp. in der Schweiz, Österreich und den USA). Der Onlinedienst Linguee.de nutzt im Internet verfügbare Texte um Übersetzungen zur Verfügung zu stellen.

Verantwortlichkeit ändern (Nummer 11, Gruppe 3)

Definition: Die Pflicht, ein Ergebnis zu erzielen, wird von einem auf einen anderen übertragen. Neben der Pflicht werden auch die notwendige Macht, die Mittel und die zu erwartenden Konsequenzen im Fall von Erfolg und Misserfolg übertragen.
Fragen: Von den Verantwortungsbereichen welcher Personen ist meine Zielerreichung abhängig? Erfüllen diese Personen ihre Verantwortung?

Wem kann ich Verantwortung entziehen, wem kann ich sie statt dessen übertragen?

Beispiele: Versuch mit Straßenkreuzungen ohne Ampeln oder Markierungen: Verkehrsteilnehmer haben für die Kooperation untereinander bezüglich Sicherheit und Vorfahrt zu kommunizieren. Die Bank bietet ihren Kunden die Möglichkeit, ihre Bankgeschäfte per Internet selbst erledigen zu können.

Virtualisierung, Simulation oder Attrappe einsetzen
(Nummer 12, Gruppe 3)

Definition: Das Echte teilweise oder gänzlich entfernen und etwas einsetzen, das die gleiche Funktion auf künstliche Weise erfüllt (Simulator) bzw. etwas einsetzen, das nur nach außen den Anschein des Echten vorgibt (Attrappe). Anstelle eines Echt- oder Ernstbetriebs nur einzelne Handlungen desselben ausführen, den dabei eintretenden Zustand erzeugen bzw. den Eindruck des Echtbetriebs nach außen erwecken. Die Beteiligten können davon Kenntnis haben oder auch nicht. Virtualisierung reduziert etwas auf seine Funktionalität und entfernt den Rest weitgehend oder gänzlich.

Fragen: Was verursacht mir einen hohen Zeit-, Kosten- oder Kraftaufwand? Kann ich ein ähnliches Ergebnis auch mit viel weniger Aufwand haben (Virtualisierung)? Kann ich von einem Echt- zu einem Simulationsbetrieb übergehen? Kann ich stattdessen eine Attrappe einsetzen?

Beispiele: Pilotenausbildung am Flugsimulator. Das Potemkin'sche Dorf. Aufblasbare Panzer aus Textil, womit die Armee (zBsp. Russland, Lieferant Firma Rusbal) bei großer Kosteneinsparung konsequent auf eine bestimmte Funktion der Panzer fokussiert – die optische Abschreckung. Die Autobahnpolizei stellt eine große Zahl von leeren Radarboxen auf, die Radargeräte ziehen gelegentlich von der einen in die andere Box um; auf diese Weise muss ein zu schneller Autofahrer bei jeder Box damit rechnen, „geblitzt zu werden".

Verbindungen: Ist ein Spezialfall von „Ersetzen oder verdrängen". Im Gegensatz zu „Vorab simulieren" ersetzt hier die Simulation den Echtbetrieb.

Lehrer, Helfer oder Synergiepartner einsetzen
(Nummer 13, Gruppe 3)

Definition: Eine Verbindung herstellen mit jemandem oder etwas, von dem einseitige Hilfe oder mit dem wechselseitige Unterstützung möglich ist. Personen oder Dinge werden derart kombiniert, dass Interaktion, Austausch, Hilfe oder Stabilisierung stattfinden kann. Experten als Lehrer gewinnen, Lernen von Individuen oder Gruppen, die mir in meiner Situation oder Problemstellung ähnlich sind

Fragen: Wer hat das Wissen, das ich suche? Von wem kann ich Unterstützung bekommen? Hat jemand das zu bieten, was ich brauche, und braucht das, was ich zu bieten habe? Ist jemand in der gleichen Situation?

Beispiele: Trainingspartner beim Sport (Sparring Partner). Der Betreiber des Datenzentrums leitet die Wärmeenergie in eine nahe gelegene Wohnhausanlage, wo diese für die Beheizung genutzt wird (Konzept 2009 von der Technik- und Managementberatung WSP Group in Großbritannien vorgestellt).

Verbindungen: Bedeutung ähnlich zu „Vorhandene Ressourcen einsetzen"

Lehrer, Helfer oder Synergiepartner entfernen
(Nummer 14, Gruppe 4)

Definition: Verbindungen verhindern, die einem Gegner einseitige oder wechselseitige Unterstützung möglich macht. Personen oder Dinge werden getrennt, sodass Interaktion, Austausch, Hilfe oder Stabilisierung nicht mehr stattfinden kann.

Fragen: Woher bekommt mein Gegner Unterweisung und Unterstützung? Mit wem arbeitet er gewinnbringend zusammen? Wie kann ich diese Kontakte unterbinden?

Beispiele: Der Kommandeur einer Flotte, der sich mit einer Verschwörung einzelner Mannschaftsteile konfrontiert sah, organisiert in einer einzigen Nacht die gesamte Mannschaft um, stellt Gruppen neu zusammen und versetzt Seeleute von Schiff zu Schiff. Dies hatte wenig Einfluss auf die Kampfkraft, da die Seeleute gut ausgebildet waren und die Ausrüstung auf jedem Schiff nahezu identisch war. Es hat jedoch Verschwörung und Gewalt verhindert, weil die Matrosen ihre neuen Kameraden nicht kannten und niemandem mehr vertrauten.

Vorbild einsetzen (Nummer 15, Gruppe 3)

Definition: Einführen von etwas mit wesentlich besserer oder idealer Ausprägung relevanter Eigenschaften. Das kann eine Person, ein Ding oder eine Handlung sein. Es wird hierdurch dem Handelnden etwas konkret Anschauliches und ggf. Begeisterndes gegeben, und sein Fokus vom „besser werden ins Blaue hinein" auf die Minimierung der Differenz zum Vorbild verlegt.

Fragen: Gibt es Personen, die das, was ich erreichen will, schon erreicht haben oder gerade erreichen? Wie kann ich mich an ihnen orientieren, von ihnen Informationen und Ansporn bekommen? Ist das Ergebnis, das ich anstrebe, schon irgendwo vorhanden? Kann ich durch Einblick in dieses Hinweise für die Gestaltung meines Ergebnisses bekommen?

Beispiele: Russische Kommandanten stilisieren ab Sommer 1935 den Arbeiter Alexei G. Stachanow zum sowjetischen „Helden der Arbeit". Ein Marathonläufer setzt einen Pace Maker ein, er orientiert sich an einem anderen Läufer, der schneller ist als er (und eventuell, eigens dafür eingesetzt, nur ein Teilstück läuft).

Festlegen, stabilisieren, standardisieren (Nummer 16, Gruppe 3)

Definition: Etwas im Ort oder der Zeit festgelegt, vereinbart und vorhersehbar machen. Fokussierung der Handlung und Aufmerksamkeit auf Umstände innerhalb des Normalen, Gewohnten, Erwarteten. Hierzu unterschiedliche Dinge oder Handlungen gleich machen. Eigene oder fremde Handlungen und Umstände außerhalb des Normalen, Gewohnten, Erwarteten nicht akzeptieren und diese Nichtakzeptanz vorab kommunizieren oder vereinbaren. Ein Spezialfall hiervon wäre, wenn die Verpflichtung freiwillig ist und nur den „besseren" Teil einer Gruppe betrifft (Ehrenkodex).

Fragen: Welche Unklarheit, Unverbindlichkeit, Veränderlichkeit, Ungewissheit ist hinderlich für meine Zielerreichung? Kann ich dies ändern, indem ich die Sache mit anderen fix vereinbare, und fortan weiß, womit ich rechnen kann?

Beispiele: Mein Blackberry-Ladegerät ist zum größten Teil ein Standardgerät und wohl auf der ganzen Welt gleich. Nicht das Ladegerät, nur der abnehmbare, länderspezifische Stecker variiert, je nach dem, wo das Gerät angeboten wird. Amerikanische Chirurgen halten sich penibel an Berufsgruppen-Normen und legen großen Wert auf Dokumentation, um im Falle einer Patienten-Klage "gute Karten" zu haben. Pfadfinder und Initiative „Gentleman Driver" (jew. Kodex)

Generalisieren, flexibilisieren (Nummer 17, Gruppe 3)

Definition: Ressourcen, die Aufmerksamkeit oder die Bearbeitung weg von einem bestimmten Teilbereich oder einer bestimmten Phase und hin zum Generellen, Gesamten verschieben. Etwas in der Funktion (Generalisierung), dem Ort oder der Zeit (Flexibilisierung) zufällig, unbestimmt und nicht festgelegt machen. Offen und bereit sein auch für Handlungen und Umstände außerhalb des Normalen, Gewohnten und Erwarteten

Fragen: Welche Einschränkung, Starrheit, Spezialisierung, Festlegung ist hinderlich für meine Zielerreichung? Kann ich dies ändern, indem ich

der Sache mehr Freiheitsgrade gebe die genaue Ausprägung, den Ablauf, das Ergebnis etc. unverbindlich und offen lasse?
Beispiele: Micro-USB-Anschlüsse für die Stromversorgung bei Handys. Hotels nutzen kodierbare Kunststoff-Karten statt fixen Zimmerschlüsseln.

Spezialisieren, fokussieren, priorisieren (Nummer 18, Gruppe 3)

Definition: Ressourcen, die Aufmerksamkeit oder die Bearbeitung hin zu einem bestimmten Teilbereich oder zu einer bestimmten Phase verschieben. Etwas in der Funktion (Spezialisierung) begrenzt, bestimmt und festgelegt machen. Während sich das Spezialisieren auf eine Änderung beim Handelnden bezieht, geht es beim Fokussieren (bestimmtes Augenmerk wählen) und beim Priorisieren (bestimmte Teile anderen vorziehen) um das Objekt der Handlung.
Fragen: Sind meine Angebote bereits voll auf die Kunden angepasst, an die sie sich richten? Sind meine Tätigkeiten voll auf den Zweck ausgerichtet, den sie erreichen sollen? Gibt es hier Raum für Verbesserung? Was bekommt alles meine Aufmerksamkeit, ist diese Verteilung sinnvoll angesichts meiner Ziele? Was kann ich mehr ins Zentrum rücken, und was kann ich beiseitelassen?
Beispiele: Vilfredo Paretos 80-20-Regel. Mehr oder weniger scharfe Kontrollen je nach aktuellem Sicherheitslevel in einem Flughafen oder Gerichtsgebäude. Möbeldesigner setzen teures Holz nur als Furnier in dünner Schicht an den optisch relevanten Außenflächen ein. „Als die Polizei eintraf, wurde sie von den Plünderern mit einem wahren Steinhagel begrüßt, berichtete MercoPress. Einige Maskierte schützten so den Rückzug des Gros der Plünderer mit ihren gestohlenen Waren in Einkaufswagen" orf.at vom 22.12.12

Ablenkung einsetzen (Nummer 19, Gruppe 4)

Definition: Präsentieren von etwas, das Energie und Aufmerksamkeit auf sich zieht, mit dem Ziel, dass etwas anderes die Energie und Aufmerksamkeit nicht bekommt
Fragen: Wessen Handlungen sind meinem Ziel schädlich? Womit kann ich dessen Energie und Aufmerksamkeit binden oder ablenken, sodass diese Handlungen weniger oder schwächer werden?
Beispiel: „Als Simon damit droht, einen Anschlag auf eine Schule in der Stadt zu verüben, werden sofort alle Beamten der Stadt damit beauftragt, sämtliche der über 1.000 Schulen in New York City nach der Bombe zu durchsuchen. McClane und Zeus entdecken aber, dass dies nur ein Ablenkungsmanöver war, um ungestört die Goldreserven der Federal Reserve Bank zu plündern und mit einem Tanker außer Landes zu bringen." (wikipedia.org vom 1.1.13 über „Stirb langsam: Jetzt erst recht")
Verbindungen: Da Ablenkung als Gegenmittel gesehen werden kann, ist dies ein Spezialfall von „Gegenmittel oder -spieler einsetzen".

Ablenkung entfernen (Nummer 20, Gruppe 3)

Definition: Entfernen oder Verändern von etwas, das Energie und Aufmerksamkeit auf sich zieht, mit dem Ziel, dass etwas anderes (wieder) die volle Energie und Aufmerksamkeit bekommt
Fragen: Welche Handlungen von mir oder von anderen sind für meine Zielerreichung wichtig? Was nimmt diesen derzeit Energie und Aufmerksamkeit, und wie kann ich dies abstellen?
Beispiele: Getrennte Schulen für Jungen und Mädchen. Der Blogger Leo Babauta empfiehlt, für produktives Arbeiten zeitweise die Internetverbindung zu trennen. Scheuklappen bei Pferden. „Whatever people were doing, whether it was having sex or reading or shopping, they tended to be happier if they focused on the activity instead of thinking about something else." nytimes.com vom 1.1.13

Verbindungen: Da Ablenkung als Gegenmittel gesehen werden kann, ist dies ein Spezialfall von „Gegenmittel oder -spieler entfernen".

Gegenmittel oder -spieler einsetzen (Nummer 21, Gruppe 4)

Definition: Etwas, das den Gegner stört oder schwächt, neu einführen. Ist etwas mit dieser Wirkung schon vorhanden, dieses unterstützen und fördern
Fragen: Hat mein Gegner bereits weitere Gegenspieler, die von mir unterstützt und gestärkt werden können? Wen könnte ich als neuen Gegenspieler einsetzen? Was kommt als Gegenmittel in Frage, und wie kann ich dieses einsetzen?
Beispiele: Eine Katze gegen die Mäuse im Haus. Um einer Regierung zu schaden, die vorhandene Opposition unterstützen. Um einer Armee zu schaden, die kämpfenden Rebellen beliefern und ausbilden.

Gegenmittel oder -spieler entfernen (Nummer 22, Gruppe 3)

Definition: Etwas, das stört oder schwächt, entfernen
Fragen: Habe ich oder haben meine Unterstützer Gegenspieler, die ich eliminieren kann? Gibt es ein Gegenmittel, das meiner Zielerreichung entgegenwirkt und das ich entfernen kann?
Beispiel: Der Blogger Scott Dinsmore empfiehlt, sich zu Gunsten des persönlichen Erfolgs von „toxic friends" zu trennen.

Vorab simulieren (Nummer 23, Gruppe 5)

Definition: Vor dem Echtbetrieb wird ein Probe- oder Scheinbetrieb durchgeführt, um Erkenntnisse über den späteren Echtbetrieb zu erlangen oder zu vermitteln. Wenn erforderlich, mehrere Möglichkeiten – gleichzeitig oder nacheinander – vorab testen.

Frage: Gibt es die Möglichkeit, eine wichtige Handlung oder Leistung vor dem Echtbetrieb in einem Probebetrieb zu prüfen, und dann zu entscheiden oder zu korrigieren?

Beispiele: Generalprobe vor Theater- und Musikaufführungen. Split-Test bei Websites, bei dem herausgefunden wird, welche der beiden Design-Varianten bessere Kundenreaktionen bewirkt (mehrere Möglichkeiten gleichzeitig). IKEA baut in den Verkaufsräumlichkeiten spezielle Apparaturen auf, die die alltägliche Abnutzung – zBsp. an Sesseln und Schubladen – intensiviert simulieren, um dem Kunden damit zeigen, wie lange die Sessel und Schubladen halten werden. Die Autobahngesellschaft hängt nach der Hinweistafel „Höhenbeschränkung" einen leichten, billigen Warnbalken auf, der bei Kollision am Fahrzeug noch keinen großen Schaden anrichtet. „...soll der Ort sein, an dem Elitesoldaten der Navy Seals für die Tötung von Al-Qaida-Chef Osama Bin Laden trainiert haben. Der geheime Unterschlupf in der pakistanischen Stadt Abbottabad, in dem sich der Drahtzieher der Anschläge vom 11. September 2001 versteckt hielt, soll im geheimen Trainingslager ‚Harvey Point Defense Testing' des CIA im US-Bundesstaat North Carolina detailgetreu nachgebaut worden sein." welt.de vom 11.10.12

Verbindungen: Kann bei entsprechender Zielsetzung eine Maßnahme von „Befähigend vorbereiten" sein

Ursache aus Wirkung ableiten (Nummer 24, Gruppe 5)

Definition: Von den Konsequenzen, Spuren und Auswirkungen wird auf das Vorhandensein (ob, wo) oder die Identität (wer, was) geschlossen. Es geht um ein indirektes Erkennen, das sich auf Person, Dinge oder Handlungen beziehen kann.

Frage: Hat etwas, dessen Vorhandensein oder Identität ich nicht erkennen kann, sichtbare Konsequenzen, Spuren oder Auswirkungen, denen ich wertvolle Information entnehmen kann?

Beispiele: Kann ich durchs Fenster nicht erkennen, ob Regen fällt, kann ich dennoch sehen, ob die Menschen auf der Straße ihre Regenschirme aufgespannt haben. Forscher beobachten die Bahnen von sichtbaren Himmelskörpern und schließen daraus auf in der Umgebung befindliche andere, nicht sichtbare Himmelskörper. Landminen können durch Wärmebildkameras und den Effekt lokalisiert werden, dass sie sich in der Morgensonne schneller erwärmen als das sie umgebende Erdreich.

Überreizen, überfluten (Nummer 25, Gruppe 6)

Definition: Die gegnerischen Such- und Wachmechanismen werden dadurch gestört, dass dort absichtlich eine große Menge von „Sucherfolgen" künstlich verursacht wird. Dadurch wird entweder das Ziel erreicht, dass in dieser Menge das eigene Element oder die eigene Handlung nur unentdeckt bleibt oder dass gar der Such- und Wachmechanismus in seiner Funktion gestört wird.

Frage: Vor welchem Such- oder Wachmechanismus will ich etwas verbergen? Wie kann ich hier für (viele) Suchtreffer sorgen, sodass das von mir zu verbergende darin untergeht? Wie kann ich so viele Treffer erzeugen, dass der Mechanismus überlastet und gestört wird?

Beispiele: Um die Information über Ort und Zeit der Alliierten Invasion trotz aufwändiger Vorbereitungen zu verbergen, wurde eine große Desinformationskampagne gestartet. Alle denkbaren Kanäle (deutsche Spione) wurden mit widersprüchlichen Informationen – unterschiedlichen Orten und Zeitpunkten für die Invasion – überschwemmt. Als der Krieg vorbei war, wurde festgestellt, dass die Deutschen etwa 100 verschiedene Meldungen abgefangen hatten, mit der einen wahren Nachricht darunter versteckt. Der Dieb löst mit Hilfe eines Bumerangs das Alarmsystem wiederholt aus, bis es schließlich abgeschaltet wird (,How to Steal a Million', USA 1966). „Nordkorea hat nördlich von Seoul Tausende von Geschützen sowie eine Vielzahl von Raketenwerfern und Kurzstreckenraketen verbunkert. Wenn auch nur zehn von ihnen atomar bestückt würden, müsste der Süden diese Tausende Waffen allesamt binnen Minuten ausschalten, um sicherzugehen, nicht weithin verwüstet zu werden. Denn es wäre ja unklar, welche der unzähligen Rohre nukleare Munition verschießen können und welche nicht." welt.de vom 12.2.13

Offen legen, Transparenz schaffen (Nummer 26, Gruppe 5)

Definition: Informationen über Vorgeschichte, Aktuelles (Umstände, Handlungen) oder Zukünftiges (Ereignisse, Ziele, Pläne) werden anderen einmalig oder regelmäßig zur Kenntnis gebracht. Das kann zBsp. bedeuten, jemanden vorab darauf hinzuweisen und vorzubereiten, dass etwas Unerfreuliches passieren wird. Wenn eine Person einer anderen deren Verhalten transparent macht: „Einen Spiegel vorhalten"
Fragen: Ist es für meine Zielerreichung hilfreich, wenn jemand anderer etwas weiß, das er derzeit noch nicht weiß? Kann ich durch das Teilen von Information Verständnis oder Unterstützung erzeugen? Welche Information kann ich bewusst zugänglich machen oder mit anderen teilen?
Beispiele: In Indien wird auf der Website ‚I paid a bribe' veröffentlicht, wem Schmiergeld bezahlt werden musste. Fußgängerampeln, die zusätzlich angeben, wie lange noch bis zur Grünphase zu warten ist. Der Blogger Leo Babauta empfiehlt, für das Erreichen eigener Ziele diese möglichst vielen Personen mitzuteilen.

Verschleiern, tarnen, Intransparenz schaffen
(Nummer 27, Gruppe 6)

Definition: Informationen über Vorgeschichte, Aktuelles (Umstände, Handlungen) oder Zukünftiges (Ereignisse, Ziele, Pläne) werden zurückgehalten oder versteckt, sodass andere davon nicht Kenntnis nehmen.
Fragen: Ist es für meine Zielerreichung hilfreich, wenn jemand anderer etwas nicht erfährt, oder über etwas nicht mehr auf dem Laufenden gehalten wird? Kann ich durch das Zurückhalten von Information Aufwand und Widerstand verhindern? Welche Information kann ich bewusst vor anderen zurückhalten?

Beispiel: Eine Bank oder Versicherung bietet Produkte an, deren Merkmale unverständlich und deren Kosten schwer überblickbar sind – was für sie eine attraktive Alternative zu einem tatsächlich konkurrenzfähigen Angebot ist.

Markierung, Indikator, Hinweis hinzufügen
(Nummer 28, Gruppe 5)

Definition: Eine Markierung oder einen Indikator neu hinzufügen, sodass hilfreiche Information zur Verfügung steht, zBsp. für das (raschere) Erkennen oder Auffinden von etwas
Frage: Wenn meine Zielerreichung davon abhängt, dass jemand etwas findet oder erkennt, kann ich dies durch den Einsatz einer Markierung unterstützen?
Beispiele: Der Trommelschlag für die Ruderer auf einer Galeere. Der Blinker und die Bremsleuchten zeigen anderen Verkehrsteilnehmern bevorstehende Fahrtänderungen an. Das Geräusch mancher Autobahn-Randmarkierungen, wenn man sie befährt. Die gut sichtbare Versiegelung um Magazin und Ladehebel der also nicht geladenen Waffe bei Militärübungen. Ist ausgehende Post im Briefkasten, signalisiert der amerikanische Postkunde dies dem Briefträger, indem er die rote Blechfahne am Briefkasten vor seinem Haus hochklappt.
Verbindungen: Kann ein Spezialfall von „Offen legen, Transparenz schaffen" sein

Markierung, Indikator, Hinweis entfernen (Nummer 29, Gruppe 6)

Definition: Eine Markierung oder einen Indikator entfernen oder verstecken, sodass dem Gegner hilfreiche Information nicht zur Verfügung steht, sodass zBsp. etwas mit Verzögerung oder gar nicht erkannt oder gefunden wird

Frage: Wenn es für meine Zielerreichung ausschlaggebend ist, dass jemand etwas nicht findet oder nicht erkennt, kann ich dies durch das Entfernen einer Markierung unterstützen?
Beispiel: Um Bombern bei nächtlichen Luftangriffen kein Ziel zu geben, wurden Lichter ausgeschaltet und Fenster verdunkelt.
Verbindungen: Kann ein Spezialfall von „Verschleiern, tarnen, Intransparenz schaffen" sein

Falschinformation hinzufügen (Nummer 30, Gruppe 6)

Definition: Platzieren von unwahren, aber für wahr zu haltenden Informationen beim Gegner, sodass dieser sein Ziel später oder nicht erreicht, oder mein Ziel unterstützt. Die Informationen können zBsp. in Form von Aussagen, Annahmen, digitalen Daten oder Dokumenten bestehen.
Fragen: Von der Richtigkeit welcher Informationen hängt die Zielerreichung meines Gegners ab? Worüber kann ich meinem Gegner falsche Information zukommen lassen, sodass er dadurch verlangsamt oder geschwächt wird?
Beispiel: Im Seekrieg zwischen Niederländern und Portugiesen (1624 bis 1661) schmuggelten sich die Widersacher gegenseitig manipulierte, irreführende Seekarten auf die Schiffe.

Falschinformation reduzieren (Nummer 31, Gruppe 5)

Definition: Aufdecken, gegebenenfalls richtigstellen von unwahren, aber für wahr gehaltenen Informationen. Die Informationen können zBsp. in Form von Aussagen, Annahmen, digitalen Daten oder Dokumenten bestehen.
Fragen: Von der Richtigkeit welcher Informationen hängt meine Zielerreichung ab? Wie kann ich die Richtigkeit meiner Informationen überprüfen und diese gegebenenfalls korrigieren, sodass ich dadurch nicht verlangsamt oder geschwächt werde?

Beispiel: Persönliche Glaubenssätze – für wahr gehaltene Regeln und Annahmen – können unter Umständen als unrichtig und schädlich erkannt und geändert werden.

Ködern und anlocken (Nummer 32, Gruppe A)

Definition: Etwas Attraktives, Gewolltes wird in Aussicht gestellt, mit dem Ziel, eine örtliche Annäherung, ein Handeln in meinem Sinne oder die Anpassung der persönlichen Haltung zu bewirken. Das in Aussicht gestellte kann er im Anschluss tatsächlich erhalten, oder auch nicht (leeres Versprechen).
Fragen: Wessen Annäherung in Position oder Haltung ist wichtig für mich? Welche attraktive Sache kann ich demjenigen in Aussicht stellen, sodass diese Annäherung stattfindet?
Beispiele: Eine Bank bietet Kunden, die ein neues Girokonto eröffnen, Freikarten fürs Kino an. Eine Supermarktkette bietet einige Waren zu sehr günstigen Preisen an und geht davon aus, dass deren Käufer auch andere Waren kaufen.
Verbindungen: Bedeutung ähnlich zu „Die Auswirkungen hervorheben"

Warnen, abschrecken oder bluffen (Nummer 33, Gruppe A)

Definition: Etwas Bedrohliches, Abstoßendes oder Erschreckendes wird in Aussicht gestellt, mit dem Ziel, eine örtliche Entfernung, ein Handeln in meinem Sinne oder die Anpassung der persönlichen Haltung zu bewirken. Der Inhalt von Warnung oder Drohung kann dabei real oder nicht real (Bluff, leere Drohung) sein.
Fragen: Wessen Handeln in meinem Sinne ist wichtig für mich? Welche bedrohliche oder erschreckende Sache kann ich demjenigen in Aussicht stellen, falls das Handeln in meinem Sinne nicht stattfindet?

Beispiel: Der Staat verpflichtet die Hersteller zum Anbringen von Warnhinweisen auf Zigarettenpackungen. Der sprichwörtliche Schuss vor den Bug

Verbindungen: Ist ein Anwendungsfall von „Die Auswirkungen hervorheben" und von „Die Auswirkungen ändern"

Örtlich verschieben, kombinieren, trennen (Nummer 34, Gruppe A)

Definition: Verlegen von etwas an einen anderen Ort, um dieses zu etwas hin (kombinieren) oder von etwas weg (trennen, umgehen, vermeiden) zu bringen. Örtlich kann dies entweder ein Zusammenziehen, Kombinieren oder Vermischen bedeuten oder ein Aufteilen, Separieren oder Sortieren. Schließt die Änderung von zyklischem auf azyklisches Verhalten (dort, wo alle anderen sind – dort, wo kein anderer ist) und vice versa mit ein. Ein Spezialfall ist die örtliche Verschiebung, um eine neutrale oder leere Zone (Demilitarized Zone) entstehen zu lassen.

Frage: Was kann ich an einen anderen Ort bewegen, gegebenenfalls um es mit etwas anderem zu kombinieren, oder von etwas anderem zu trennen?

Beispiele: Flugzeuge, die nicht erkannt werden sollen, über- oder unterfliegen das Radar. Errichten einer Demilitarized Zone (trennen). Die internationale Gemeinschaft prüfte den Vorschlag, dass der Iran seine Kernforschung zwecks höherer Transparenz auf russischem Territorium betreibt.

Verbindungen: Bedeutung ähnlich zu „Zentralisieren, sammeln" und zu „Dezentralisieren, streuen".

Zeitlich verschieben, kombinieren, trennen
(Nummer 35, Gruppe A)

Definition: Verlegen von etwas auf einen anderen Zeitpunkt, um dieses zu etwas hin (kombinieren) oder von etwas weg (trennen, umgehen, vermeiden) zu bringen. Etwas zu einem früheren oder späteren Zeitpunkt tun. Zeitlich kann dies entweder ein Zusammenziehen oder Kombinieren bedeuten, oder ein Aufteilen oder Separieren. Schließt die Änderung von zyklischem auf azyklisches Verhalten (dann, wenn alle anderen etwas machen – dann, wenn kein anderer etwas macht) und vice versa mit ein.

Frage: Was kann ich zu einer anderen Zeit ansetzen, gegebenenfalls um es mit etwas anderem zeitlich zu kombinieren, oder von etwas anderem zeitlich zu trennen?

Beispiele: Mit dem Auto vor oder nach dem Morgenverkehr in die Arbeit fahren. Die Bankräuber im Film ‚Inside Man' (USA 2006) lassen einen der Räuber und die gesamte Beute versteckt im Keller der Bank zurück, bis sich die Wogen geglättet haben – dann verlässt er mit der Beute unbehelligt die Bank über den Haupteingang (verschieben, trennen). Im Film ‚Enemy at the Gates' (2001) schießt Vassili Zaitsev immer genau dann, wenn eine nahe Detonation zu hören ist, wodurch sein Schuss im Lärm derselben untergeht (kombinieren).

Verbindungen: Bedeutung ähnlich zu „Zentralisieren, sammeln" und zu „Dezentralisieren, streuen"

Zentralisieren, sammeln (Nummer 36, Gruppe A)

Definition: Kombinieren, zusammenfassen, vermischen; örtlich oder zeitlich verteilte Einheiten in eine einzige oder wenige zentrale, generelle, umfassende Stellen zusammenführen. Im Zuge dessen kann ich auch Elemente aus meinem System weggeben oder vormals außen liegende hereinnehmen.

Fragen: Würde es mir helfen, wenn etwas vormals Verteiltes und Verstreutes nunmehr an einem Ort wäre? Würde es mir helfen, wenn etwas vormals zu unterschiedlichen Zeitpunkten Stattfindendes nunmehr zur gleichen Zeit stattfinden würde?

Beispiele: Mehrere Unternehmen mieten sich in einem Serverzentrum ein. ‚Daily Standup Meeting' , bei dem alle Teammitglieder zusammen kommen und sich auf den neuesten Stand bringen. E-Mails nicht den

ganzen Tag lang nebenbei bearbeiten, sondern zweimal am Tag konzentriert als Block
Verbindungen: Bedeutung ähnlich zu „Alle Teile gleich behandeln"

Dezentralisieren, streuen (Nummer 37, Gruppe A)

Definition: Aufteilen, separieren, sortieren, verteilen; örtlich oder zeitlich zentralisierte Einheiten in viele angepasste, spezielle, lokale Einheiten verteilen. Im Zuge dessen kann ich auch Elemente aus meinem System weggeben oder vormals außen liegende hereinnehmen.
  Fragen: Würde es mir helfen, wenn etwas vormals an einem Ort Befindliches nunmehr verteilt und verstreut wäre? Würde es mir helfen, wenn etwas vormals Gleichzeitiges zu mehreren, unterschiedlichen Zeitpunkten stattfinden würde?
  Beispiel: Touristeninformation für eine Region nicht in Form eines Buchs oder auf einer Landkarte, sondern auf vielen verschiedenen kleinen Angebotskarten, die bei Interesse einzeln aus einem Regal entnommen werden können (separieren, gesehen im Stift Seitenstetten)
  Verbindungen: Bedeutung ähnlich zu „Teile unterschiedlich behandeln"

Verdoppeln, multiplizieren (Nummer 38, Gruppe A)

Definition: Statt einer Person, einer Sache oder einer Handlung zwei oder mehr einsetzen, das Vorhandene vervielfachen. Ein System redundant auslegen
  Fragen: Was kann ich im Sinne meiner Zielerreichung verdoppeln oder vermehren? Was ändert sich, wenn ich an einer Stelle, an der vormals einer war, dann mehrere habe?
  Beispiele: Nicht ein einzelner, sondern „steter Tropfen höhlt den Stein". Doppeltes Fensterglas bei Winterfenstern. Vier-Augen-Prinzip. Redundante Systeme zBsp. in einem Flugzeug

Ersetzen oder verdrängen (Nummer 39, Gruppe A)

Definition: Beim Ersetzen wird etwas teilweise oder gänzlich entfernt und im selben Zuge etwas anderes, ähnliches eingesetzt. Beim Verdrängen wird das Vorhandensein von etwas dadurch verhindert, dass etwas anderes an dessen Stelle rückt (im Nachhinein) bzw. das zukünftige Hinzukommen von etwas dadurch verhindert, dass dort bereits etwas anderes raumfüllend vorhanden ist (präventiv).
Fragen: Was ist meiner Zielerreichung hinderlich? Womit könnte ich es ersetzen? Was droht zukünftig hinzu zu kommen? Kann ich dessen Platz vorab besetzen, sodass das Hinzukommen verhindert wird?
Beispiele: Zweck des Einnehmens von Jodtabletten ist, dass die Schilddrüse bereits mit nicht verstrahltem Jod gesättigt ist und das verstrahlte Jod nicht mehr aufnimmt (präventives Verdrängen).

Entfernen des Ganzen oder eines Teils (Nummer 40, Gruppe A)

Definition: Etwas teilweise oder gänzlich entfernen, ausschalten, zerstören, nicht zum Einsatz bringen, außer Gefecht setzen
Fragen: Was ist meiner Zielerreichung hinderlich? Kann ich es zur Gänze, oder dessen ausschlaggebenden Teil, entfernen?
Beispiele: Eine Brücke sprengen. Einen Mitarbeiter entlassen. Einen Standort schließen. Einen Zahn ziehen

Mit relativ Anderem verbinden (Nummer 41, Gruppe A)

Definition: ZBsp. durch Nebeneinanderstellen eine Verbindung herstellen mit jemandem oder etwas, das zu meinem Element in Kontrast steht und dieses – je nach Zielsetzung – in einem besseren oder schlechteren Licht erscheinen lässt. Dinge werden so kombiniert, dass meines vom relativen Unterschied zum anderen profitiert.

5.1 Volle Liste der Lösungsstrategien mit Brückentexten 93

Frage: Neben was kann ich mich oder meine Sache stellen, sodass ich bzw. sie im Vergleich in besonders gutem Licht erscheine, oder sodass eine ungewollte Aufmerksamkeit auf etwas anderes gelenkt wird?
Beispiele: Ich parke mein Auto neben eines, das für Autodiebe noch attraktiver ist als meines. Ich achte darauf, dass meine Wohnungstüre etwas besser gesichert ist (oder besser gesichert aussieht) als die meiner Nachbarn, zBsp. durch Aufkleber einer Alarmanlagen-Firma. Der Camper muss nicht schneller laufen als der Bär, nur schneller als der Camper neben ihm.
Verbindungen: Weist eine Verbindung zu „Ablenkung einsetzen" auf.

Befähigend vorbereiten (Nummer 42, Gruppe A)

Definition: Ein angestrebtes Ergebnis dadurch ermöglichen, dass ein Beteiligter vorab eine erforderliche Fähigkeit vermittelt bekommt
Frage: Wem kann ich vorab Wissen und Fähigkeiten vermitteln, sodass folgende Ereignisse in meinem Sinne ablaufen?
Beispiele: Prüfungsvorbereitung mit Musterklausuren. Piloten trainieren Extremsituationen im Simulator. Rüstungsunternehmen setzen noch während der Entwicklung ein ‚Counter Force'-Forschungsteam ein, das nach Gegenmitteln und -praktiken sucht; alles, was diese finden, wird in der Neuentwicklung berücksichtigt.

Beschränkend vorbereiten (Nummer 43, Gruppe A)

Definition: Ein angestrebtes Ergebnis dadurch ermöglichen, dass Fähigkeiten und Funktionalitäten zu Gunsten meiner Ziele eingeschränkt sind, dass ein Beteiligter vorab in seinen Möglichkeiten eingeschränkt wird. Steuerung von Fähigkeit und Funktionalität zugunsten eines angestrebten Ereignisses oder einer Entwicklung, bevor diese begonnen hat
Fragen: Wessen Fähigkeiten oder die Funktionalität wovon kann ich vorab einschränken? Welchen Beteiligten kann ich vorab in seinen

Möglichkeiten einschränken, sodass folgende Ereignisse in meinem Sinne ablaufen?
Beispiele: Sperrzonen und Sicherheitsbereiche am Flughafen. Handyverbot im Konzertsaal
Verbindungen: Im Gegensatz zu „Entfernend vorbereiten" geht es hier um Regeln und Aufgaben, nicht um Personen und Dinge.

Bereitstellend vorbereiten (Nummer 44, Gruppe A)

Definition: Ein angestrebtes Ergebnis dadurch ermöglichen, dass vorab etwas zur Verfügung gestellt wird, das später bei der Leistungserbringung hilfreich bereit steht. Beliefern und Unterstützen einer Leistung, bevor diese begonnen wurde. Ein Spezialfall im technischen Bereich ist die Unterteilung eines Dings in starren Rahmen und bewegliches, einfach austauschbares Element.
Fragen: Was kann ich vorab zur Verfügung stellen, das später bei der Leistungserbringung hilfreich zur Verfügung steht? Was kann ich bereitstellen, sodass folgende Ereignisse in meinem Sinne ablaufen?
Beispiele: In schwedischen „Max" Burger-Restaurants müssen die Kartonboxen von Mitarbeitern nicht mit einem Stift gekennzeichnet werden („ohne Tomaten"), sondern haben markierte Felder zum Eindrücken. Die Eroberung eines Brückenkopfes bei einer Invasion. Text im Content Management System, Magazin eines Gewehres (jeweils austauschbares Element)

Entfernend vorbereiten (Nummer 45, Gruppe A)

Definition: Ein angestrebtes Ergebnis dadurch ermöglichen, dass vorab etwas entfernt wird, das später entweder bei meiner Leistungserbringung hinderlich wäre, oder bei der Leistungserbringung meines Gegners helfen würde. Ein befreiendes Vereinfachen bzw. ein entfernendes Erschweren einer Leistung, bevor diese begonnen wurde

Fragen: Was kann ich vorab entfernen, das später bei meiner Leistungserbringung nicht im Wege steht? Was kann ich vorab entfernen, das später bei der Leistungserbringung meines Gegners nicht hilfreich zur Verfügung steht?

Beispiele: Rechtzeitig vor dem Marathon wird die Strecke von der Polizei für den Verkehr gesperrt. Kommt der kleine Neffe zu Besuch, räumt die Tante die Schere in die Schublade und die Vase in die Abstellkammer. Um der Abstinenz eine Chance zu geben, entfernt der Übergewichtige das Naschwerk und der Alkoholiker die Flaschen aus der Wohnung.

Lenkend vorbereiten (Nummer 46, Gruppe A)

Definition: Ein angestrebtes Ergebnis dadurch ermöglichen, dass der Ablauf von Ereignissen und Entwicklungen auf eine bestimmte Weise sicher gestellt wird. Gestaltung und Kontrolle von Ereignissen oder einer Entwicklung, bevor diese begonnen hat. Extremfall: Vorab verhindern, dass etwas überhaupt passiert

Fragen: Durch welche Eingriffe kann ich vorab ermöglichen, dass die Ereignisse und Entwicklungen in meinen Sinne verlaufen werden? Durch welche Einflussnahme kann ich die Ereignisse vorab gestalten und kontrollieren?

Beispiele: Ingenieure sehen Sollbruchstellen im Flugzeug vor, wodurch das Verhalten bei einer Bruchlandung kalkulierbarer und der Schaden geringer wird. Die Betreiber einer Autobahnraststätte führen den Weg aus dem Restaurant hinaus durch den Shop („Exit through the gift shop"). Präventivschlag gegen einen Gegner

Von Referenzen lernen (Nummer 47, Gruppe P)

Definition: Um von Personen oder Gruppen zu lernen oder Informationen zu gewinnen, muss man solche finden, die sich mit dem vorliegenden Problem oder einem ähnlichen bereits befasst haben und möglicherweise die Lösung kennen („Peer Learning"). Um Informationen über Dinge zu gewinnen, muss man solche auffinden, die als ähnliche, analoge Stelle die gesuchte Lösung möglicherweise bereit halten.

Fragen: Wer hat sich bereits mit dem vorliegenden Problem oder einem ähnlichen befasst, und kennt möglicherweise die Lösung? Gab es in der Geschichte schon einmal eine solche Herausforderung, und wie wurde sie gemeistert? An welchen vergleichbaren Stellen ist die gesuchte Lösung möglicherweise zugänglich?

Beispiel: Den Hinweis zur korrekten Wiederverkabelung einer zerlegten Leuchte fand ich schließlich über eine baugleiche, nicht zerlegte Leuchte in der Wohnung.

Die Ursachen hervorheben (Nummer 48, Gruppe P)

Definition: Bei den Beteiligten klarstellen, was die Ursachen für das vorliegende Problem sind. Herstellen einer Verbindung zwischen dem Bekannten, Offensichtlichen und den Ursachen. Es ist zu unterscheiden zwischen den Ursachen eines Problems und den Bedingungen seines Bestehens.

Frage: Kann ich eine Änderung der Ursachen bewirken, indem ich bei den beteiligten Personen Klarheit über die Ursachen des Problems schaffe?

Beispiele: Im Unterricht oder in weiterführenden Beratungen wird Schülern der Zusammenhang von Ernährung, Bewegung und Übergewicht aufgezeigt. „It is well enough that people of the nation do not understand our banking and monetary system, for if they did, I believe there would be a revolution before tomorrow morning." (Henry Ford)

Die Auswirkungen hervorheben (Nummer 49, Gruppe P)

Definition: Bei den Beteiligten klarstellen, wozu das vorliegende Problem führt; herstellen einer Verbindung zwischen dem Bekannten, Offensichtlichen und den weiteren Wirkungen. Gegenbeispiel: Jemand, der selbst rettend einspringt und einen Workaround bietet, sodass kein Schaden entsteht, wird die Auswirkungen vertuschen.

Frage: Kann ich Unterstützung bei der Lösung des Problems bekommen, indem ich bei den beteiligten Personen Klarheit über die Auswirkungen des Problems schaffe?

Beispiele: Hinweisen auf die Konsequenzen einer Entscheidung. Vorrechnen, was eine Anschaffung in der Zukunft für Folgekosten verursacht (vgl. Total cost of ownership)

Die Bedingungen ändern (Nummer 50, Gruppe P)

Definition: Stören der Bedingungen, die das Problem weiter bestehen lassen bzw. stärken der Bedingungen, die zu einer Besserung führen. Im Zusammenhang mit einer Wirkung auf etwas kann das bedeuten, die Angriffsfläche für die Wirkung kleiner (stören der Bedingungen) oder größer (stärken der Bedingungen) zu machen. Soll etwas in manchen Fällen zugelassen werden und in anderen nicht, ist die Bedingung für das Zulassen an erstere Umstände zu binden. Wichtig zu beachten: Die Gruppe der Bedingungen geht über die der Ursachen hinaus.

Fragen: Was sind die Bedingungen, die das Problem weiter bestehen lassen? Wie kann ich diese Bedingungen ändern, stören, eliminieren?

Beispiele: Leidensdruck – als Bedingung für eine Besserung – erzeugen oder mehren. Hotelbetreiber binden das Einschalten der Stromversorgung im Zimmer an den Zimmerschlüssel (Zulassen des Stromverbrauchs nur bei Anwesenheit im Zimmer). Kindersicherer Verschluss der Putzmittelflasche (Zulassen des Öffnens nur für Erwachsene)

Verbindungen: Ist verwandt mit allen Vorbereitungs-Lösungsstrategien

Die Auswirkungen ändern (Nummer 51, Gruppe P)

Definition: Entfernen von negativen Folgen: Veränderung der Folgen eines Problems auf meiner Seite, anstatt es zu lösen (Symptombehandlung oder Workaround). Schaffen von negativen Folgen: Für mir unerwünschte gegnerische Handlungen, Entscheidungen etc. werden von mir künstlich Folgen geschaffen, wobei Bedingungen oder ein Ultimatum im Spiel sein können.

Fragen: Was sind die eigentlichen Auswirkungen des Problems? Kann ich diese – anstatt des Problems – ändern, mildern, aufheben?

Beispiel: Das Medikament Antabus unterstützt die Alkoholentwöhnung, indem es bei Alkoholgenuss zu als unangenehm empfundenen Reaktionen wie Übelkeit, Erbrechen, Schwindel und Ohnmacht führt (Folgen).

Niedriger zielen, Kosten und Rückschläge vermeiden
(Nummer 52, Gruppe P)

Definition: Entgegenkommen und Relativierung, graduelles Absenken des Zieles, was sich positiv auf die Wahrscheinlichkeit der Zielerreichung auswirkt. Im Sinne der Betrachtung, dass sich die Wirkung eines Mittels aus der Multiplikation von Mittelstärke (0 bis 100 %) und Anwendbarkeit (0 oder 1) errechnet, reduzieren der Mittelstärke so weit, bis die Anwendbarkeit von 0 auf 1 springt und die Wirkung (das Gesamtergebnis) damit bei ihrem Maximum ist – also Änderung der Mittelstärke auf einen erreichbaren Sollzustand. Dieses Variieren kann sich auf qualitative oder quantitative Aspekte des Ziels beziehen. „Wenn nur weniger geht, dann ist weniger mehr." Ein Sonderfall dabei wäre die Senkung der Erwartungen bis zu einem Punkt, an dem subjektiv kein Problem mehr besteht und keine Lösung mehr notwendig ist.

Fragen: Mit welchen Zielen, mit welchen Anforderungen stoße ich an Grenzen? In welchen Bereichen sind Kosten und Rückschläge unübersehbar, und relativieren mein Endergebnis? Kann ich meine Erwartung absenken – weniger anstreben, weniger erwarten – und damit die Wahrscheinlichkeit ihrer Erfüllung erhöhen?

Beispiele: Mentale Arithmetik kann schnell und praktisch sein, solange man nur eine grobe Lösung sucht (zurücksetzen der Erwartung). „Vor wenigen Tagen gab es ein weiteres prominentes Beispiel für den Trend zum ‚soft opening': Der Bahnhofskomplex Wien-Mitte, der ein Einkaufszentrum (‚The Mall') beherbergt, wurde eröffnet – obwohl der Großteil der Geschäfte erst in den nächsten Wochen aufsperrt." diepresse.com vom 30.11.12

Höher zielen, Kosten und Rückschläge hinnehmen (Nummer 53, Gruppe P)

Definition: Graduelles Anheben des Zieles, was sich – solange die Zielerreichung dennoch wahrscheinlich bleibt – positiv auf das Gesamtergebnis auswirkt. Im Sinne der Betrachtung, dass sich die Wirkung eines Mittels aus der Multiplikation von Mittelstärke (0 bis 100 %) und -anwendbarkeit (0 oder 1) errechnet, ist die Mittelstärke so weit anzuheben, dass die Anwendbarkeit gerade nicht von 1 auf 0 springt und die Wirkung (das Gesamtergebnis) damit ihr Maximum erreicht. Einerseits mehr tun, mehr verlangen, andererseits Fehler, Rückschläge, Widerstand und Kritik in Kauf nehmen – sofern man damit in Summe dem Ziel näher kommt: Flucht nach vorne

Fragen: Mit welchen Zielen, mit welchen Anforderungen stoße ich auf keinerlei Widerstand? In welchen Bereichen könnte ich mehr Kosten, mehr Rückschläge verkraften? Kann ich meine Erwartung im Rahmen des Realistischen soweit anheben – mehr anstreben, mehr erwarten – dass ich damit ein höheres Endergebnis erziele?

Beispiele: "Wenn du denkst, du hast die Dinge unter Kontrolle, bist du nicht schnell genug." (Rennfahrer Mario Andretti) "Wenn du Ski fährst und nicht hinfällst, versuchst du es nicht richtig." (Donald Rumsfeld)

180 Grad Perspektiven-Wechsel (Nummer 54, Gruppe P)

Definition: Das Problem von der anderen Seite der Problemstellung her neu aufbauen, die Umstände erkennen, unter denen das Problem nicht bestehen würde, und diesen Sollzustand gegenüber dem Istzustand als neues oder zweites Problem formulieren: „Das Problem auf den Kopf stellen"

Fragen: Was ist die andere Seite des Problems, unter welchen Umständen würde das vorliegende Problem nicht bestehen? Wie kann ich dies als zweites oder neues Problem formulieren?

Beispiele: Einerseits kann man sagen, dass es auf der Geburtstagsparty zu wenig Torte für die Kinder gibt; andererseits kann man sagen, es sind zu viele Kinder eingeladen. Die scherzhafte Bemerkung, dass „am Ende des Geldes noch so viel vom Monat übrig ist"

5.2 Problemgeschichten aus dem Fundus meiner Trainings

Ärgerliche Verzögerung: Hugo ist der Leiter des "Mercury"-Projektes, das sich seit drei Monaten in einer Recherchephase befindet. Ich bin für das Aufgabenpaket 7.4 verantwortlich und brauche hierfür noch einige wichtige Unterlagen aus dem Büro in Belatown. Konrad, der in dieser Filiale als Assistent des Niederlassungsleiters Stephen arbeitet, hat mir vor einiger Zeit zugesagt, dass ich die Unterlagen von ihm bekomme, aber seither nichts geschickt. Meine Erinnerungsmails und Anrufversuche haben zu nichts geführt, da Konrad außerdem in einem anderen Projekt arbeitet, für das er häufig auf Reisen ist.

Wurden heikle Daten gefunden? Heute Morgen wurden die beiden bekannten Hosting-Anbieter „In Motion Hosting" und „Webhosting Hub", von einem in der Szene als Star gefeierten Hacker aus Bangladesch gehackt. Es war kein kleiner Angriff, der nur ein paar Server betrifft, sondern eine breite Attacke, die viele Server zum Abstürzen brachte. Der Hacker ersetzte außerdem jede Index-Datei in jedem Hauptverzeichnis jedes Kontos, wodurch große Zahlen von Websites für Stunden nicht verfügbar waren.

Schutzmission im Süden: Viele der NASAMS Flugabwehrwaffen der elbonischen Armee sind unbrauchbar: Ein Fehler in der Software hat die Hauptzielrechner lahmgelegt. Bis die Reparatur abgeschlossen ist, wird viel Zeit vergehen. Leider hat die Information über diese Schwachstelle bereits den Feind erreicht, dessen F-345 nun regelmäßige Angriffe fliegen, wann immer Sicht und Wetter es zulassen. Das verursacht fortlaufende Verluste auf elbonischer Seite und macht es beinahe unmöglich, Einheiten weiter in den Süden vorrücken zu lassen, wo sie, abhängig von weiteren Befehlen und Informationen der Aufklärung, die Mission übernehmen könnten, zwei Städte gegen vorrückende feindliche Einheiten zu schützen.

5.3 Material der beiden IITF-Versuche

Anweisung an die Teilnehmer bei beiden Versuchen: Überlegen Sie sich VIELE KREATIVE (originelle, neuartige), aber BRAUCHBARE (nützliche, praktikable) Ideen für Vorgehensweisen, die dazu beitragen, die beschriebene Situation zu verbessern. Ziel ist es, möglichst viele sinnvolle Lösungsideen zu produzieren. Schreiben Sie jeweils eine Idee auf eine Karton-Karte. Formulieren Sie die Lösungen kurz und prägnant, in mindestens einem Satzteil oder maximal zwei Sätzen. Titel oder Skizzen sind dabei nicht notwendig.

▶ **Versuch 1, Problemstellung 1, „Regierung" (Bearbeitungszeit 20 min):** Eine Regierung hat das Problem, dass Pflichtschulabgänger im Land so schlecht qualifiziert sind, dass diese für viele Jobs nicht – oder erst nach längerer Einarbeitungszeit – einsetzbar sind.

▶ **Versuch 1, Problemstellung 2, „Brötchen" (Bearbeitungszeit 30 min):** Sie sind Miteigentümer eines traditionsreichen Unternehmens mit einem Standort im Zentrum einer 250.000-Einwohner Stadt. Das Unternehmen verkauft fertig belegte Brötchen in 8 Sorten. Sie haben wie Ihre größten Konkurrenten täglich von 8:00 bis 21:00 geöffnet. Sie werben damit, dass kein Brötchen, das älter als 3 Stunden ist, an die Kunden verkauft wird, und Ihre Mitarbeiter nehmen die Brötchen tatsächlich nach 3 Stunden aus der Vitrine und ersetzen sie durch frische. Denn die Vitrine soll, um Kundschaft anzuziehen, stets gefüllt sein. Eine Erhebung hat ergeben, dass Sie 50 % Ihrer Brötchen in den Stunden von 9:00 bis 13:00 verkaufen, was dazu führt, dass in den restlichen geöffneten Stunden viele Brötchen entsorgt werden müssen. Ein beträchtlicher Anteil des Erlöses der verkauften Brötchen muss die Materialkosten der entsorgten nicht verkauften Brötchen decken, anstatt den Gewinn zu erhöhen.

5.3 Material der beiden IITF-Versuche

▶ **Versuch 2, Problemstellung 1:** Jung- / Turnusärzten fehlen oft Plan und Durchblick bei ihrer täglichen Arbeit, was zu Missverständnissen, Fehlern und Verzögerungen führt. Grund dafür ist, dass die Ausbildung auf der Universität einen theoretischen Schwerpunkt setzt und nicht ausreichend auf den Alltag im Krankenhaus vorbereitet

▶ **Versuch 2, Problemstellung 2:** Die einzelnen Berufsgruppen sind nicht offen für gegenseitiges Feedback, Vereinbarungen etc. von/mit anderen Berufsgruppen. Grund dafür ist das Hierarchiegefälle und dass Ärzte, Träger, Pflege, medizinisch-technisches Personal und OP-Gehilfen teilweise auf die anderen Gruppen herabschauen.

▶ **Versuch 2, Problemstellung 3:** Die Disziplin und die Leistung vieler Bediensteter ist schwach. Grund dafür ist die weitest gehende Unmöglichkeit disziplinarischer Konsequenzen aufgrund des Dienstrechts sowie der Umstand, dass die Bediensteten immer nach Zeit und nicht (auch) nach Qualität der Leistung oder erfüllten Aufgaben bezahlt werden.

Die Anweisung an die Jury lautete: Jede einzelne Idee ist bitte in der Kategorie KREATIVITÄT (Originalität, Neuartigkeit) und in der Kategorie BRAUCHBARKEIT (Nützlichkeit, Praktikabilität) zu bewerten. Die Bewertung erfolgt mittels Zahlen von 0 (nicht kreativ bzw. nicht brauchbar) bis 4 (sehr kreativ bzw. sehr gut brauchbar)."

Literatur

Boos, Evelyn (2009). Das große Buch der Kreativitätstechniken (2. Auflage). München: Verlag Compact
Dörner, Dietrich (1976). Problemlösen als Informationsverarbeitung. Stuttgart: Kohlhammer
Dueck, Gunter (2010). Aufbrechen! Warum wir eine Exzellenzgesellschaft werden müssen. Frankfurt am Main: Eichborn Verlag
Franke, Heinz (1998). Problemlösen in Gruppen: Veränderungen in Unternehmungen zielwirksam realisieren (3. Auflage). Leonberg : Rosenberger Fachverlag
Geschka, Horst/Schwarz-Geschka, Martina (2011). Kreativitätstechniken. Online im Internet unter URL: http://www.innovationsmanagement.de/kreativitaetstechnik/ueberblick.html (1.2.13)
Heinen, E. (1972). Zur Problembezogenheit von Entscheidungsmodellen. In: Wirtschaftswissenschaftliches Studium, Heft 1, Seite 5
Hussy, Walter (1998). Denken und Problemlösen. Stuttgart: Kohlhammer
Ideation International Inc. Knowledge Wizard Version 3.2.7. Farmington Hills, MI, USA
Kirsch, Werner (1971). Entscheidungsprozesse. Band II: Informationsverarbeitungstheorie des Entscheidungsverhaltens. Wiesbaden: Gabler Verlag

Koltze, Karl/Souchkov, Valeri (2010). Systematische Innovation: TRIZ-Anwendung in der Produkt- und Prozessentwicklung. München: Carl Hanser Verlag

Livotov, Pavel/Petrov, Vladimir (2005). TRIZ Innovationstechnologie. Produktentwicklung und Problemlösung (2. Auflage). Hannover: TriSolver

Marks, M.R. (1951). Problem solving as a function of the situation. In: Journal of Experimental Psychology 41, Nummer 1, Seiten 74-80

Meier, Markus (2006). Konzept-Prozess. Skriptum des Zentrums für Produktentwicklung (ZPE) der ETH Zürich

Michalko, Michael (2006). Thinkertoys: A Handbook of Creative-Thinking Techniques (2. Auflage). Berkeley: Ten Speed Press

Parmerter, S.M./Garber, J.D. (1971). Creative scientists rate creativity factors. In: Research Management, Seiten 65-70

Pricken, Mario (2001). Kribbeln im Kopf. Kreativitätstechniken & Braintools für Werbung & Design. Mainz: Verlag Hermann Schmidt

Primus, Arthur (2003). Optimierung von Problemlösungsprozessen durch Wissensmanagement: Ein Vorgehensmodell. Wiesbaden: Deutscher Universitäts-Verlag

Probst, Gilbert J.B./Ulrich, Hans (1988). Anleitung zum ganzheitlichen Denken. Bern/Stuttgart: Haupt Verlag AG

Schlicksupp, Helmut (1977). Kreative Ideenfindung in der Unternehmung (Mensch Und Organisation). Berlin: Verlag De Gruyter

Senge, Peter M. (2011). Die fünfte Disziplin: Kunst und Praxis der lernenden Organisation. Stuttgart: Verlag Schäffer-Poeschel

Süllwold, F. (1965). Bedingungen und Gesetzmäßigkeiten des Problemlösungsverhaltens. In: Neue Wissenschaftliche Bibliothek, Nr. 3, Seiten 273-295

Taylor, D.W. (1965). Decision making and problem solving. In: J.G. March (Hrsg.). Handbook of Organisations, Chicago, Seiten 48-86

MIX
Papier aus verantwortungsvollen Quellen
Paper from responsible sources
FSC® C105338

If you have any concerns about our products,
you can contact us on
ProductSafety@springernature.com

In case Publisher is established outside the EU,
the EU authorized representative is:
**Springer Nature Customer Service Center GmbH
Europaplatz 3, 69115 Heidelberg, Germany**

Printed by Libri Plureos GmbH
in Hamburg, Germany